국승옥 부동산학원론

국승옥 편저

1차 | 강의노트 제6판

8년 연속 **전체수석** 합격자 배출

박문각 감정평가사

본서로 공부하시는 수험생 여러분들에게 조금이라도 힘이 되었으면 합니다. 여러분의 값진 노력이 합격의 기쁨으로 돌아가길 진심으로 기원합니다.
모두들 파이팅입니다.

✔ 부동산학원론 기출분석표

		31회	32회	33회	34회	35회	36회
제1편 부동산학 총론	제1장 부동산학						
	제2장 부동산 활동	1					
	제3장 부동산의 개념		1	1	1	1	1
	제4장 부동산의 분류	1	1	1	3	2	2
	제5장 부동산의 특성	2	1	1	1	2	1
	제6장 부동산 가치의 본질	1		1			1
제2편 경제론	제1장 수요와 공급 모형				1	1	
	제2장 수요와 공급 모형의 활용		1			2	2
	제3장 수요와 공급의 탄력성 모형	1	1	1	3	1	
제3편 시장론	제1장 부동산 시장과 주택시장	1	1	1			
	제2장 부동산 시장과 정보의 효율성		1	1	1	1	
	제3장 부동산 시장의 변화		1	1			2
제4편 부동산 정책론	제1장 부동산 정책의 이해	1	1	2			
	제2장 시장실패와 정부의 시장 개입				2		
	제3장 임대주택 및 분양주택 정책			1			
	제4장 부동산 조세 정책	2	1	2	1	2	3
	제5장 다양한 부동산 정책	1	3		1	1	6
제5편 투자론	제1장 부동산 투자의 수익과 위험	1			2	2	
	제2장 투자 결정 이론	1	1				2
	제3장 위험의 관리	1	1	1		1	
	제4장 투자 분석의 기본 도구	2	1	2	2		
	제5장 부동산 투자분석기법	2	3	2	1	2	

편	장						
제6편 금융론	제1장 금융의 이해	1	1	1	1		1
	제2장 대출금액과 대출금리	1				1	1
	제3장 대출의 상환 방법	2	1	2	1	1	1
	제4장 주택저당채권 유동화 제도	1	1	1		1	1
	제5장 부동산 간접 투자 제도		2	1		1	
	제6장 기타 부동산 관련 금융 제도		1		2	1	1
제7편 부동산 개발론	제1장 부동산 개발론	4	2	2	2	2	1
	제2장 부동산 관리	1		2		2	1
	제3장 부동산 마케팅			1	1	1	1
	제4장 부동산 이용론						
	제5장 부동산 중개론 등	2	4	5	6	2	4
제8편 토지 경제와 지리 경제	제1장 지대·지가 이론	2					1
	제2장 도시 내부 구조 이론		1				
	제3장 공업입지론			1			
	제4장 상업입지론	1			1		1
	제5장 주거입지론						
제9편 감정평가론	제1장 부동산 가치 이론	1					
	제2장 지역분석과 개별분석		1			1	
	제3장 부동산 가격 원칙					1	
	제4장 감정평가제도	2	2		2	1	3
	제5장 감정평가의 방식의 이해						
	제6장 가액을 구하는 방법	3	2	5	4	5	3
	제7장 임대료를 구하는 방법				1		
	제8장 물건별 평가 방법	1	1	1		2	
	제9장 부동산 가격공시제도		2				

이 책의 차례

CONTENTS | **GUIDE**

PART 01	총론	6
PART 02	경제론	18
PART 03	시장론	32
PART 04	정책론	46
PART 05	투자론	64
PART 06	금융론	92
PART 07	개발론 등	116
PART 08	토지경제와 지리경제	138
PART 09	감정평가론	152

PART 01

총론

Chapter 01 부동산학과 부동산 활동
Chapter 02 부동산 개념
Chapter 03 부동산 분류
Chapter 04 부동산 특성

PART 01 총론

제1장 부동산학과 부동산 활동

01 부동산업의 분류(한국표준산업분류)

중분류	소분류	세분류
부동산 임대 및 공급업	부동산 임대업	• 주거용 건물임대업 • 비주거용 건물임대업 • 기타 부동산 임대업
부동산 임대 및 공급업	부동산 개발 및 공급업	• 주거용 건물 개발 및 공급업 • 비주거용 건물 개발 및 공급업 • 기타 부동산 개발 및 공급업
부동산 관련 서비스업	부동산 관리업	• 주거용 부동산 관리업 • 비주거용 부동산 관리업
부동산 관련 서비스업	부동산 중개, 자문 및 감정평가업	• 부동산 중개 및 대리업 • 부동산 투자 자문업 • 부동산 감정평가업 • 부동산 분양 대행업

✓ 주의해야 할 문구

1. '**부동산**'이라는 문구가 포함되었다고 해서 부동산업이 되는 것은 아니다.
2. 기출 오답
   - 부동산 금융업 : 금융업 (부동산업×)
   - 부동산 건설업 : 건설업 (부동산업×)
   - 부동산 시설관리업 : 시설관리업 (부동산업×)

제2장 부동산 개념

01 부동산의 복합개념

물리적 개념	공간, 위치, 환경, 자연 / (물리적 개념=기술적 개념)	
경제적 개념	자산, 자본, 상품, 생산요소(생산재), 소비재	
법률적 개념	협의	• 민법에 규정된 부동산 • 민법 제99조 제1항 : 토지 및 정착물은 부동산이다.
	광의	협의 + 준부동산(의제부동산, 간주부동산)

① 부동산의 **복합개념**이란 부동산을 물리적(기술적)·경제적·법률적 측면의 복합된 개념으로 이해하는 것을 말한다.

② **토지**와 그 **토지 위의 정착물**이 각각 독립된 거래의 객체이면서도 마치 하나의 결합된 상태로 다루어져 부동산 활동의 대상으로 삼을 때, 이를 **복합 부동산**이라고 한다.

③ **공간**, **위치**, **환경**, **자연** 등의 속성은 **물리적(기술적) 개념**에 해당한다.
④ 토지는 생산의 기본 요소(**생산재**)이면서 **소비재**이다.
⑤ **협의**의 부동산이란 **민법**상의 개념으로 '**토지 및 그 정착물**'을 말한다.
⑥ **물리적 개념**은 부동산의 **유형적 측면**을 의미하며, **경제적·법률적 개념**은 부동산의 **무형적 측면**을 의미한다.

02 정착물

의미			토지에 단단히 고정되어 있고, 고정되어 이용되는 것이 사회적·경제적으로 합리적인 물건
정착물의 분류	종속 정착물	의미	토지의 일부로 간주되고, 토지와 함께 거래되는 정착물
		사례	대부분의 정착물
	독립 정착물	의미	토지와 별개로 간주되고, 토지와 독립되어 거래되는 정착물
		사례	• 건물 • 등기된 입목 • 명인방법을 갖춘 수목의 집단 • 권원에 의하여 타인의 토지에서 재배되고 있는 농작물

① 정착물은 토지의 일부로 간주되는 **종속 정착물**과 토지와 별개로 간주되는 **독립 정착물**로 나눌 수 있다.
② **신축 중인 건물**은 **사용승인**이 완료되기 **전**이라도 토지와 **별개의 부동산**으로 **취급된다**(판례).
③ 개개의 **수목**은 명인방법을 갖추면 토지와 **별개의 부동산**으로 **취급된다**.
④ 등기된 **입목**은 토지와 **독립적인 거래**의 객체가 될 수 있다.
⑤ 정착물 중 **도로**와 **교량** 등은 토지와 독립적인 것이 아니라 **토지의 일부**로 간주된다.

✓ 자주 출제되는 물건

1. 다년생 식물, 구거, 담장, 교량 : 종속 정착물
2. 가식 중인 수목, 경작(된)수확물 : 동산

정착물과 동산의 구별기준	부착 방법	단단히 부착되어 있다면 : 정착물
	당사자 관계	임대인(임차인×)이 설치한 물건이라면 : 정착물

⑤ 건물에 부착되어 있는 건축설비를 건물에서 **제거할 때** 건물의 기능 및 효용의 **손실이 없다면**, 그 부착된 물건은 **동산**이다.
⑥ 일반적으로 **임대인이 부착한 물건**은 **정착물**로 간주된다.
⑦ 건물의 **가치나 임대료를 상승시킬 목적으로 부착된 물건**이라면, 이는 **부동산**이다.

03 준부동산

의미	민법상의 부동산(토지 및 정착물)은 아니지만, 다른 법률에 의해 부동산처럼 취급되는 동산이나 권리
특징	등기 또는 등록 등의 공시수단을 가지고 있다.
종류	• 등기 대상물 : 입목, 광업재단·공장재단, 선박(20톤 이상) • 등록 대상물 : 자동차·항공기·건설기계, 광업권·어업권

① **준부동산**은 부동산과 유사한 공시방법을 가지며, **넓은 의미의 부동산**에 포함된다.
② **준부동산**은 협의의 부동산과 같이 **공시수단을 가지고 있는 것**이 특징이다.
③ (등기된) **입목, 20톤 이상 선박**은 **등기**를 통해 소유권이 공시된다.

(1) 입목(입목에 관한 법률)

1. 정의
① **입목**이란 토지에 부착된 **수목의 집단**으로서 그 소유자가 이 법에 따라 소유권보존의 **등기**를 받은 것을 말한다.

2. 입목의 독립성
① 입목은 부동산으로 본다.
② 입목의 소유자는 **토지와 분리**하여 입목을 **양도**하거나 **저당권의 목적**으로 **할 수 있다**.
③ 토지소유권 또는 지상권 처분의 효력은 입목에 **미치지 아니한다**.

3. 저당권의 효력
① 입목을 목적으로 하는 저당권의 효력은 **입목을 베어 낸 경우**에 그 토지로부터 **분리된 수목**에도 **미친다**.
② 저당권자는 채권의 기한이 되기 전이라도 제1항의 분리된 수목을 경매할 수 있다. 다만, 그 매각대금을 공탁하여야 한다.
③ 수목의 소유자는 상당한 담보를 공탁하고 제2항에 따른 경매의 면제를 신청할 수 있다.

4. 법정지상권
① 입목의 경매나 그 밖의 사유로 토지와 그 입목이 각각 다른 소유자에게 속하게 되는 경우에는 토지소유자는 입목소유자에 대하여 지상권을 설정한 것으로 본다.
② 제1항의 경우에 지료(地料)에 관하여는 당사자의 약정에 따른다.

(2) 공장재단, 광업재단(공장 및 광업재단 저당법)

① **공장재단**이란 공장에 속하는 일정한 기업용 재산으로 구성되는 일단(一團)의 기업재산으로서 이 법에 따라 소유권과 저당권의 목적이 되는 것을 말한다.
② **광업재단**이란 광업권과 광업권에 기하여 광물을 채굴·취득하기 위한 각종 설비 및 이에 부속하는 사업의 설비로 구성되는 일단의 기업재산으로서 이 법에 따라 소유권과 저당권의 목적이 되는 것을 말한다.
③ 공장재단(광업재단)은 공장재단(광업재단)등기부에 소유권보존**등기**를 함으로써 설정한다.

제3장 부동산 분류

01 후보지와 이행지

대분류(용도지역)	소분류(용도지역 내)
택지지역	주거지역, 상업지역, 공업지역
농지지역	전지지역, 답지지역, 과수원지역
임지지역	용재림지역, 신탄림지역

후보지	대분류 상호 간에 용도가 전환되고 있는 지역 내의 토지
이행지	소분류 상호 간에 용도가 이행되고 있는 지역 내의 토지

① 택지지역, 농지지역, 임지지역 등 **용도지역 상호 간**에 용도가 **전환되고 있는** 지역 내의 토지를 **후보지**라고 한다.
② **세분된 용도지역 상호 간**에 용도가 **변화되고 있는** 지역 내의 토지를 **이행지**라고 한다.
③ **용도지역 내에서**(주의) 용도변경이 진행되고 있는 토지는 **이행지**이다.

④ **농지지역**에서 **택지지역**으로 용도가 전환되고 있는 지역 내의 토지는 **후보지**이다.
⑤ **주거지역**이 **상업지역**으로 용도변경이 진행되고 있는 토지는 **이행지**이다.
⑥ 도로변 **과수원**이 **전**으로 전환 중인 토지는 **이행지**이다.

02 토지 용어

대지	지목이 대(垈)인 토지
택지	• **주거**용 · **상업**용 · **공업**용으로 조성된 토지 • 택지란 주거용, 상업용, 공업용의 용도로 이용되고 있거나 이용목적으로 조성된 토지이다.
부지	• 일정한 용도에 제공되고 있는 **바닥 토지** • 부지는 일정한 용도로 제공되고 있는 바닥토지를 말하며 하천, 도로 등의 바닥토지에 사용되는 포괄적 용어이다.

나지	• **정착물**과 **사법상 제한**이 없는 토지 • 나지란 건물 등 정착물이 없고, 지상권·임차권 등 사법상의 제한을 받지 않는 토지이다. / (공법상의 제한을 받지 않는 토지 ×)	
건부지	• 건축물이 **있는** 토지 • 건부지란 건축물의 바닥토지로 이용 중인 토지이다. / (이용 가능한 토지 ×)	
필지	• 등기·등록의 **단위** / 법률적 개념 • 필지란 하나의 지번을 가진 토지의 등기·등록의 단위이다.	
획지	• **이용상**의 **구획** • 획지란 이용 상황이 유사하여 가격수준이 유사한 일단의 토지를 말한다. • 여러 개의 필지가 하나의 획지가 될 수도 있고, 하나의 필지 중 일부가 하나의 획지가 될 수도 있다.	
법지	• **경사지**(소유권 ○, 활용 실익 ×) • 법지는 도로의 가장자리 경사지나 대지 사이에 있는 경사지로서, 소유권이 인정되더라도 활용 실익이 적거나 없는 토지이다.	
빈지	• **바닷가** 토지(소유권 ×, 활용 실익 ○) • 빈지는 소유권이 인정되지 않는 바다와 육지 사이의 해변 토지를 말한다. • 빈지는 만조수위선으로부터 지적공부에 등록된 지역까지의 사이에 있는 토지를 말한다.	
휴한지	지력 회복을 위해 이용되지 않는 토지	
유휴지	• 지가 상승을 목적으로 장기간 방치하고 있는 토지 • 참고) 공한지 : 도시지역에 있는 유휴지	
맹지	도로와 맞닿은 부분이 없는 토지	
포락지	물에 의한 침식 등으로 지반이 절토되어 무너져 버린 토지	
선하지	고압선 아래에 있는 토지	
소지	개발되기 이전, 자연 상태 그대로의 토지	
일단지	용도상 불가분의 관계에 있는 2필지 이상의 토지	
공지	빈 공터, 이용되지 않고 남겨진 토지	

03 공동주택과 단독주택(주택법)

공동주택	아파트	• 주택으로 쓰는 층수가 5개 층 이상인 주택 • 면적 요건 : 없음
	연립주택	• 주택으로 쓰는 층수가 4개 층 이하인 주택 • 주택으로 쓰는 바닥면적 합계가 660㎡ 초과 주택
	다세대주택	• 주택으로 쓰는 층수가 4개 층 이하인 주택 • 주택으로 쓰는 바닥면적 합계가 660㎡ 이하 주택
단독주택	다가구주택	• 주택으로 쓰는 층수가 3개 층 이하일 것 • 1개 동의 주택으로 쓰이는 바닥면적의 합계가 660㎡ 이하일 것 • 19세대 이하가 거주할 수 있을 것
	다중주택	• 주택으로 쓰는 층수가 3개 층 이하일 것 • 1개 동의 주택으로 쓰이는 바닥면적의 합계가 660㎡ 이하일 것 • 학생 또는 직장인 등 여러 사람이 장기간 거주할 수 있는 구조 • 독립된 주거의 형태가 아닐 것(취사시설은 설치하지 않을 것) • 적정한 주거환경을 조성하기 위하여 건축조례로 정하는 실별 최소면적, 창문의 설치 및 크기 등의 기준에 적합할 것
	단독주택	

04 주택법상 주택의 종류

① **공동주택** : 건축물의 벽·복도·계단이나 그 밖의 설비 등의 전부 또는 일부를 **공동으로 사용하는 각 세대가 하나의 건축물 안에서 각각 독립된 주거생활**을 할 수 있는 구조로 된 주택

② **단독주택** : 1세대가 **하나의 건축물 안에서 독립된 주거생활**을 할 수 있는 구조로 된 주택

③ **준주택** : **주택 외의 건축물과 그 부속토지로서 주거시설로 이용가능한 시설**
④ 준주택의 **종류** : **다중**생활시설, **기**숙사, **오**피스텔, **노**인복지주택

⑤ **국민주택** : **다음 어느 하나**에 해당하는 주택으로서 **국민주택규모 이하인** 주택
  ㉠ 국가·지방자치단체, 한국토지주택공사, 지방공사가 건설하는 주택
  ㉡ 재정 또는 주택도시기금의 자금을 지원받아 건설되거나 개량하는 주택

⑥ **민영주택** : **국민주택을 제외**한 주택

⑦ **도시형생활주택** : 300세대 미만의 **국민주택규모**에 해당하는 주택
(종류 : 단지형 연립주택, 단지형 다세대주택, 아파트형 주택)

⑧ **세대구분형 공동주택** : 공동주택의 주택 내부 공간의 일부를 세대별로 구분하여 생활이 가능한 구조로 하되, 그 구분된 공간의 일부를 구분소유 할 수 **없는** 주택

⑨ **에너지절약형 친환경주택** : 저에너지 건물 조성기술 등 대통령령으로 정하는 기술을 이용하여 에너지 사용량을 **절감**하거나 이산화탄소 배출량을 **저감**할 수 있도록 건설된 주택

⑩ **건강친화형 주택** : 건강하고 쾌적한 실내환경의 조성을 위하여 실내공기의 오염물질 등을 최소화할 수 있도록 대통령령으로 정하는 기준에 따라 건설된 주택

⑪ **장수명 주택** : 구조적으로 오랫동안 유지·관리될 수 있는 내구성을 갖추고, 입주자의 필요에 따라 내부 구조를 쉽게 변경할 수 **있는** 가변성과 수리 용이성 등이 우수한 주택

⑫ **임대주택**은 임대를 목적으로 하는 주택으로서, 「공공주택 특별법」에 따른 **공공임대주택**과 「민간임대주택에 관한 특별법」에 따른 **민간임대주택**으로 구분한다.

05 공공임대주택(공공주택 특별법 시행령)

① **영구**임대주택 : 국가나 지방자치단체의 재정을 지원받아 **최저소득 계층**의 주거안정을 위하여 **50년 이상** 또는 **영구**적인 임대를 목적으로 공급하는 공공임대주택

② **국민**임대주택 : 국가나 지방자치단체의 재정이나 주택도시기금의 자금을 지원받아 **저소득 서민**의 주거안정을 위하여 **30년 이상** 장기간 임대를 목적으로 공급하는 공공임대주택

③ **행복주택** : 국가나 지방자치단체의 재정이나 주택도시기금의 자금을 지원받아 대학생, 사회초년생, 신혼부부 등 **젊은 층**의 **주거안정**을 목적으로 공급하는 공공임대주택

④ **장기전세주택** : **전세계약**의 방식

⑤ **통합**공공임대주택 : 국가나 지방자치단체의 재정이나 주택도시기금의 자금을 지원받아 최저소득 계층, 저소득 서민, 젊은 층 및 장애인·국가유공자 등 사회 취약계층 등의 주거안정을 목적으로 공급하는 공공임대주택

⑥ **분양전환** 공공임대주택 : 일정 기간 임대 후 **분양전환**할 목적으로 공급하는 공공임대주택

⑦ 기존주택등 **매입** 임대주택 : ~ 기존주택을 **매입**하여 ~ **공급**하는 공공임대주택

⑧ 기존주택 **전세** 임대주택 : ~ 기존주택을 **임차**하여 ~ **전대**(轉貸)하는 공공임대주택

제4장 부동산 특성

01 자연적 특성

부동성 (비이동성)	의미	토지의 물리적 위치(지리적 위치, 장소)는 고정되어 있다.
	파생현상	• 동산과 부동산의 구별 기준 • 부동산 시장의 지역화·국지화의 근거 • 외부효과의 근거 • 임장활동·현장활동, 지역분석의 근거

부증성 (비생산성)	의미	토지의 물리적 공급량(지표 총량)은 증가되지 않는다.
	파생현상	• 생산비 법칙의 부정 • 지가고 • 집약적 토지이용, 최유효이용의 근거

영속성 (비소모성)	의미	토지는 물리적(외형적) 측면에서 소모되거나 파괴되지 않는다.
	파생현상	• 가치 정의(장래 기대이익을 현재가치로 환원한 값)의 근거 • 수익환원법(직접환원법)의 근거 • 토지의 물리적 감가상각의 부정 • 소득이득과 자본이득의 근거 • 장기적인 배려, 미래 예측의 중요성 • 임대차 시장, 재고시장의 근거 • 부동산 관리의 중요성

개별성 (비대체성)	의미	토지는 물리적(외형적) 측면에서 동일할 수 없다.
	파생현상	• 대체성·유사성의 부정 • 일물일가 법칙의 부정 • 수익과 가격의 개별화, 개별분석의 근거

■ 일부 학자가 추가하는 특성

인접성	의미	토지는 서로 다른 토지와 연결되어 있다.
	파생현상	• 외부효과의 근거 • 개발이익 환수의 근거

(1) 자연적 특성과 그 파생현상

① **외부효과**가 발생하는 원인을 설명해 줄 수 있는 부동산의 특성은 ○○○이다.
② ○○○은 부동산 활동의 **국지화** 또는 **지역화**를 유도한다.
③ 토지의 ○○○은 **임장활동** 또는 **현장활동**의 근거가 된다.

④ 토지는 ○○○에 의해 다른 생산물과 달리 노동이나 생산비를 투입하여 **재생산할 수 없다**.
⑤ ○○○은 토지의 **집약적 이용**과 **최유효이용**이 강조되는 근거가 된다.

⑥ ○○○은 미래의 수익을 가정하고 **가치**를 평가하는 **직접환원법**의 적용을 가능하게 한다.
⑦ 토지의 **가치보존력**이 우수하고, **물리적 감가상각이 배제**되는 것은 ○○○ 때문이다.
⑧ 토지는 ○○○에 의해 **소모를 전제로 하는 재생산 이론**이나 사고방식을 적용할 수 **없다**.
⑨ ○○○은 부동산을 소유함으로써 생기는 **자본이익**(capital gain)과 부동산을 이용함으로써 생기는 **운영이익**(income gain)을 발생시킨다.

⑩ ○○○으로 인해 부동산은 **표준화가 어렵고**, 일반 재화에 비해 **대체가능성이 낮다**.
⑪ 토지는 ○○○에 의해 **일물일가의 법칙이 적용되지 않는다**.
⑫ ○○○으로 인해 거래사례를 통한 지가 산정이 어려워진다.

02 인문적 특성

용도의 다양성	의미	토지는 다양한 용도로 이용된다.
	파생현상	• 최유효이용의 근거 • 토지의 이행과 전환의 근거, 후보지·이행지의 근거
병합·분할의 가능성	내용	• 토지는 병합될 수도 있고 분할될 수도 있다. • 토지 면적의 증감은 토지의 가치를 변화시킨다.
인문적 위치의 가변성	내용	• 인문적 위치(사회적·경제적·행정적 위치) • 토지의 인문적 위치는 끊임없이 변화한다.

① ○○의 ○○○은 **최유효이용**을 선택할 수 있는 근거가 된다.
② ○○의 ○○○은 **토지의 이행과 전환**을 가능하게 한다.

③ 도시계획의 변경, 공업단지의 지정 등은 **위치의 가변성** 중 ○○○ 위치가 변화하는 예이다.
④ 토지거래허가구역의 해제로 인한 주택가격이 상승하는 것은 ○○○ 위치의 변화이다.

✓ 주의해야 할 내용

① 부동성은 토지의 **물리적 위치**(지리적 위치, 절대적 위치)가 **고정**되어 있음을 의미한다.
② 사회적·경제적·행정적 위치 등 **인문적 위치(상대적 위치)**는 끊임없이 **변화**한다.

③ 부증성은 토지의 **물리적 공급**이 **불가능**함을 의미한다.
④ 토지는 부증성의 특성이 있더라도, 토지의 **용도적 공급(경제적 공급)**은 일반적으로 **가능**하다.

⑤ 바다의 **매립**, 산지의 **개간**은 새로운 토지를 공급한 사례가 아니라, 쓸모없던 토지를 쓸모 있는 농지 등으로 용도를 변경한 사례이다. 따라서 **부증성의 예외라고 할 수 없다.**
⑥ **홍수** 등으로 인해 토지가 유실된 경우도 용도가 변경된 사례이다. 따라서 이러한 경우에도 **영속성**의 특성은 **적용되는 것이다.**

⑦ **외부효과**의 근거 – 부동성, 인접성
⑧ **최유효이용**의 근거 – 부증성, 용도의 다양성

03 공간가치

의미	토지는 수평·공중·지하 공간을 가진 입체 공간으로 존재한다.	
구분	지표권	• 의미 : 수평공간을 독점적·배타적으로 이용할 수 있는 권리 • 내용 : 지상권, 임차권, 물을 이용할 수 있는 권리 등
	공중권	• 의미 : 공중공간을 독점적·배타적으로 이용할 수 있는 권리 • 구분 : 사적 공중권 vs 공적 공중권(항공기 통행, 전파의 송·수신) • 활용방법 : 구분지상권, 개발권양도제도, 용적률 인센티브 제도 등
	지하권	• 의미 : 지하공간을 독점적·배타적으로 이용할 수 있는 권리 • 구분 : 사적 지하권 vs 공적 지하권 • 활용방법 : 구분지상권

① **물을 이용하는 권리**는 **지표권**의 내용에 포함된다.
② **광물에 관한 권리**는 지하권의 내용에 **포함되지 않는다.**
③ **한계심도**란 토지소유자의 통상적 이용행위가 예상되지 않으며 지하 시설물 설치로 인하여 일반적인 토지이용에 지장이 없는 것으로 판단되는 깊이를 말한다(서울특별시 도시철도의 건설을 위한 지하부분토지의 사용에 따른 보상기준에 관한 **조례**).

PART 02

경제론

Chapter 05 수요와 공급 이론
Chapter 06 수요와 공급의 탄력성
Chapter 07 수요의 가격탄력성 응용
Chapter 08 경제론 계산 문제

PART 02 경제론

제5장 수요와 공급 이론

01 구별 개념

수요량의 변화	의미	(해당 재화) 가격의 변화로 수요량이 변화하는 현상
	내용	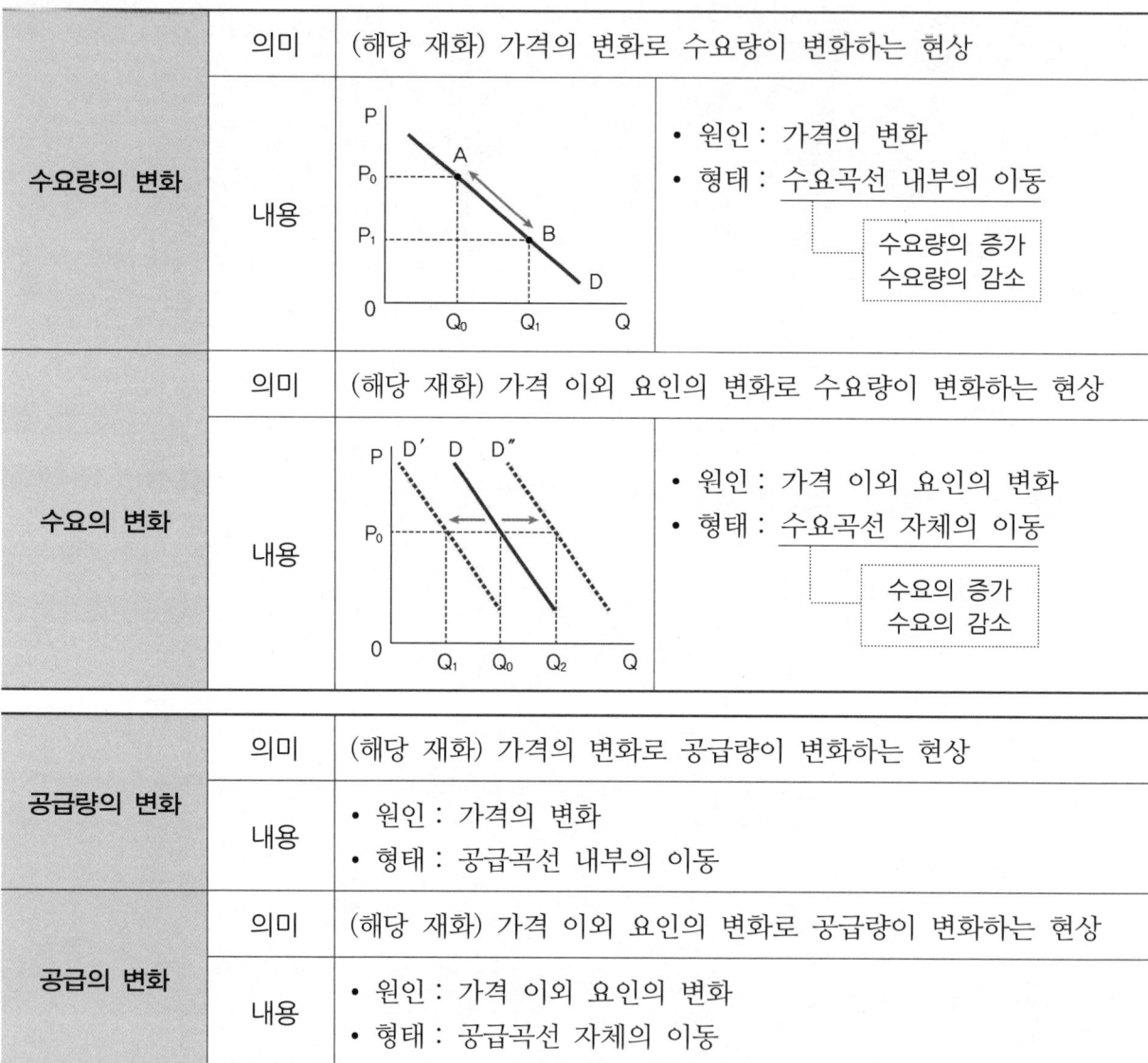 • 원인 : 가격의 변화 • 형태 : 수요곡선 내부의 이동 └ 수요량의 증가 / 수요량의 감소
수요의 변화	의미	(해당 재화) 가격 이외 요인의 변화로 수요량이 변화하는 현상
	내용	• 원인 : 가격 이외 요인의 변화 • 형태 : 수요곡선 자체의 이동 └ 수요의 증가 / 수요의 감소
공급량의 변화	의미	(해당 재화) 가격의 변화로 공급량이 변화하는 현상
	내용	• 원인 : 가격의 변화 • 형태 : 공급곡선 내부의 이동
공급의 변화	의미	(해당 재화) 가격 이외 요인의 변화로 공급량이 변화하는 현상
	내용	• 원인 : 가격 이외 요인의 변화 • 형태 : 공급곡선 자체의 이동

02 유량과 저량

유량 (flow)	의미	'일정 기간'을 설정하고 측정하는 변수
	사례	• 소득 : 가계소득, 급여, 월급, 연봉 • 임대료 수입, 지대 수입 / 연간이자비용 / 순영업소득, 당기순이익 • 수요량 / 신규 주택 공급량, 아파트 생산량 / 거래량 • (참고) : 수출, 수입, 소비, 투자
저량 (stock)	의미	'일정 시점'을 설정하고 측정하는 변수
	사례	• 가격 • 실물자산 / 자산가치 / 도시 인구 규모 / 주택 재고량 • (참고) : 통화량, 자본량, 부채, 외환보유고

03 관련 재화의 가격 변화 : 대체재와 보완재

소비의 대체관계 : 콜라와 사이다	소비의 보완관계 : 치킨과 맥주
① 콜라의 수요 증가 - 사이다 **수요 감소** ② 콜라의 수요 감소 - 사이다 **수요 증가** ③ 콜라의 가격 상승 - 사이다 **수요 증가** ④ 콜라의 가격 하락 - 사이다 **수요 감소** ⑤ 콜라의 가격 상승 - 사이다 **가격 상승** ⑥ 콜라의 가격 하락 - 사이다 **가격 하락**	① 치킨의 수요 증가 - 맥주 **수요 증가** ② 치킨의 수요 감소 - 맥주 **수요 감소** ③ 치킨의 가격 상승 - 맥주 **수요 감소** ④ 치킨의 가격 하락 - 맥주 **수요 증가** ⑤ 치킨의 가격 상승 - 맥주 **가격 하락** ⑥ 치킨의 가격 하락 - 맥주 **가격 상승**

04 수요와 공급

수요	의미	일정 기간, 소비자들이 재화를 구매하고자 하는 욕구
	특징	• 일정 기간을 설정하고 측정하는 유량 개념 • 앞으로 구매하고자 하는 사전적 수량 또는 계획된 수량 • 구매력이 있음을 가정한 유효수요
공급	의미	일정 기간, 공급자들이 재화를 판매하고자 하는 욕구
	특징	• 일정 기간을 설정하고 측정하는 유량 개념 • 앞으로 판매하고자 하는 사전적 수량 또는 계획된 수량

05 수요의 증가·감소 / 공급의 증가·감소

(1) 수요의 변화 요인

수요의 증가 요인	수요의 감소 요인
• 인구 증가 • 시장이자율·대출금리 하락 • LTV·DTI 상승 • 소득의 증가(정상재) • 대체부동산의 가격 상승 • 보완부동산의 가격 하락 • 주택거래규제의 완화 • 미래가격 상승에 대한 기대	

① 소비자의 실질소득이 증가하면, 주택의 **수요**는 **증가**한다.
② 아파트와 대체관계에 있는 오피스텔의 가격이 상승하면, 아파트의 **수요곡선**은 **우측**으로 **이동**하게 된다.
③ 대부비율(LTV)이 하락하면, 아파트의 **수요**는 **감소**한다.
④ 주택의 거래세가 인상되면, 주택의 **수요곡선**은 **좌측**으로 **이동**하게 된다.
⑤ 대부비율(LTV)이 상승하면, (   ), 아파트의 **가격**은 **상승**한다.

(2) 공급의 변화 요인

공급의 증가 요인	공급의 감소 요인
• 주택건설업자 수의 증가 • 건축(건설)기술의 진보 • 생산요소 가격의 하락 • 건축원자재 가격의 하락 • 건축허가 요건의 완화	

① 건설기술의 진보로 인한 생산성이 향상되면, 주택의 **공급**을 **증가**시킨다.
② 건설 노동자의 임금이 하락하면, 주택의 **공급곡선**은 **우측**으로 **이동**하게 된다.
③ 건축 원자재 가격이 상승하면, (   ), 주택의 **가격**은 **상승**할 수 있다.

(3) 아파트 시장의 수요를 증가시키는 요인은?

① 아파트 가격의 하락	× (수요량의 변화)
② 건축원자재 가격의 상승	× (공급의 변화)
③ 핵가족화, 가구 수의 증가	
④ LTV·DTI 하락	
⑤ 시장이자율 또는 대출금리 상승	
⑥ 미래 가격 상승에 대한 기대(예측)	
⑦ 미래 가격 하락에 대한 기대(예측)	
⑧ 소득의 증가(정상재)	
⑨ 대체주택의 가격 상승	
⑩ 보완주택의 가격 상승	정답 ③ ⑥ ⑧ ⑨

✓ **문제의 구조**

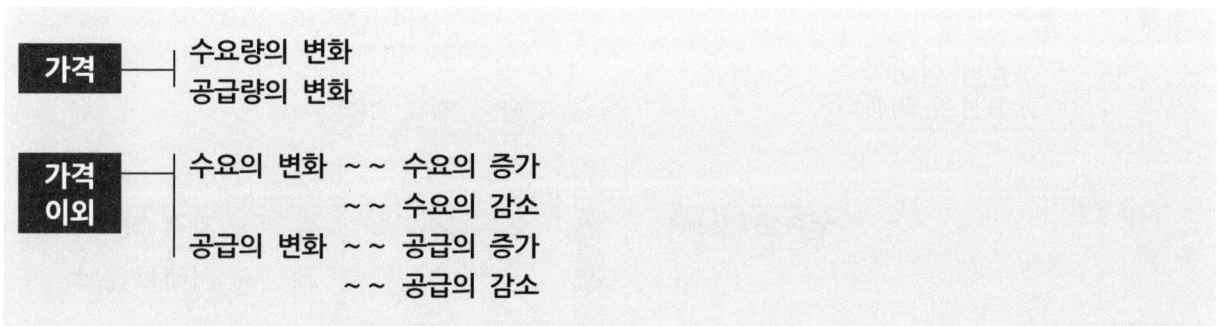

(4) 아파트 시장의 공급곡선을 우측으로 이동시키는 요인

① 아파트 가격의 상승	× (공급량의 변화)
② 주택건설업자 수의 증가	
③ 건축원자재 가격의 상승	
④ 건축허가 요건의 완화	정답 ② ④

✓ **주의(가격변화에 대한 기대)**

① 주택 가격의 상승 기대(예상) – 수요 증가
② 주택 가격의 하락 기대(예상) – 수요 감소

③ 주택 가격의 상승 기대 – (신규 건설 시장) 공급 증가 / (기존 주택 시장) 공급 감소
④ 주택 가격의 하락 기대 – (신규 건설 시장) 공급 감소 / (기존 주택 시장) 공급 증가

06 균형을 변화시키는 4가지 규칙

구분	균형 가격	균형 거래량
수요증가	상승	증가
수요감소	하락	감소
공급증가	하락	증가
공급감소	상승	감소

가격 이외 요인의 변화 ⇨

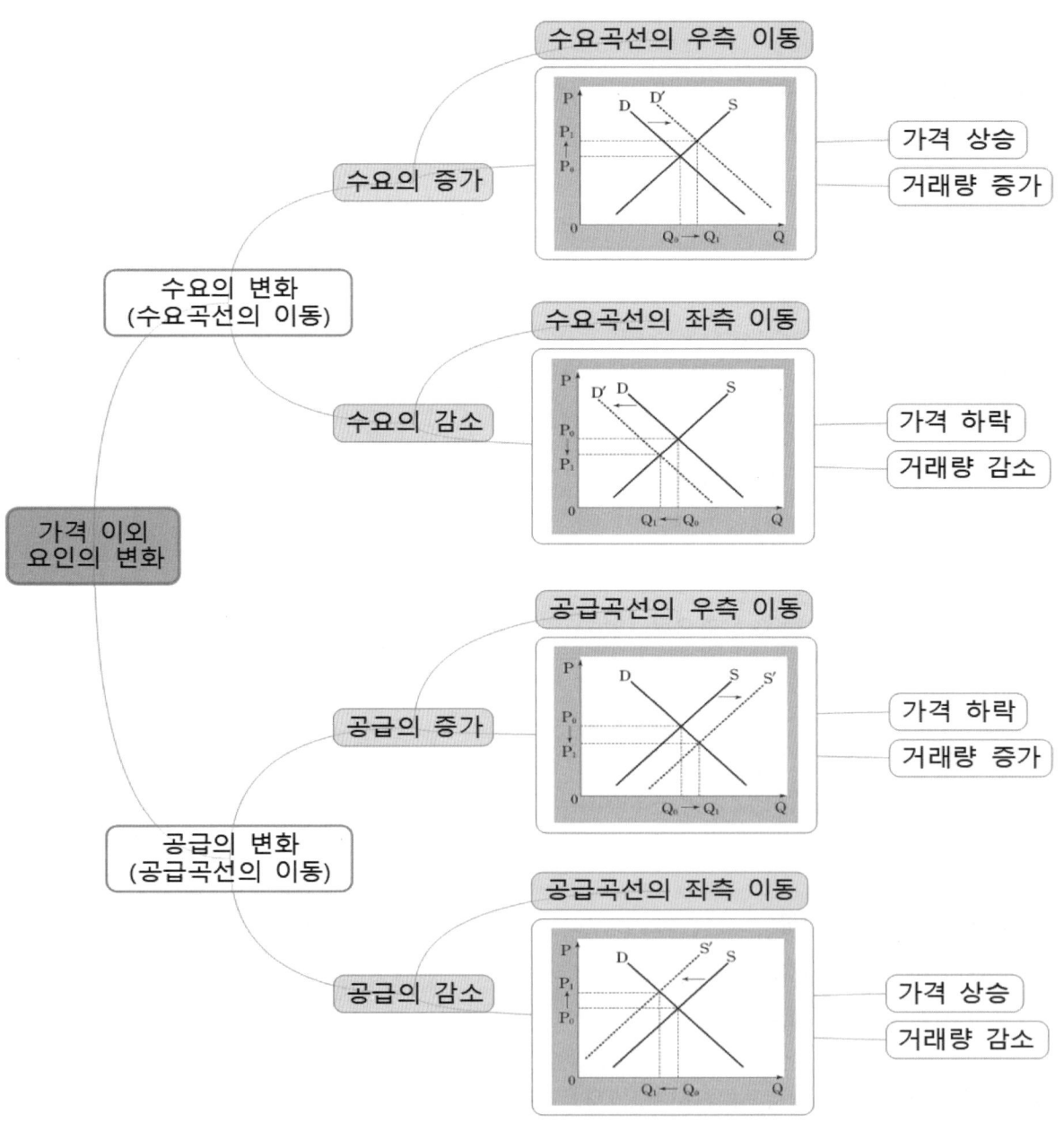

(1) 수요와 공급이 동시에 변화하는 경우(힘의 크기가 주어지지 않은 경우)

> ① 수요가 **증가**하면서 **동시에** 공급이 **증가**하면, 균형 **가격**의 변화는 **알 수 없고**
> 　　　　　　　　　　　　　　　　　　　　　균형 거래량은 증가한다.
> ② 수요가 **증가**하면서 **동시에** 공급이 **감소**하면, 균형 가격은 상승하고
> 　　　　　　　　　　　　　　　　　　　　　균형 **거래량**의 변화는 **알 수 없다**.
> ③ 수요가 **감소**하면서 **동시에** 공급이 **증가**하면, 균형 가격은 하락하고
> 　　　　　　　　　　　　　　　　　　　　　균형 **거래량**의 변화는 **알 수 없다**.
> ④ 수요가 **감소**하면서 **동시에** 공급이 **감소**하면, 균형 **가격**의 변화는 **알 수 없고**
> 　　　　　　　　　　　　　　　　　　　　　균형 거래량은 감소한다.

✅ **주의(정답을 찾는 요령)**
　① 문제가 되는 것이 **가격**인지? **거래량**인지? 확인한다.
　② 문제가 되는 논점 : '**알 수 없다**' 또는 '**수요와 공급의 변화 폭에 의해 결정된다**'

(2) 알 수 없다(= 수요와 공급의 힘의 크기로 결정된다).

> ⑤ 수요가 **증가**하면서 **동시에** 공급이 **증가**하였다면,
> 　　균형 가격의 변화는 **수요와 공급의 변화 폭**에 의해 결정된다.
> 　　(=균형 가격의 변화는 **알 수 없다**.)
> ⑥ 수요가 **증가**하면서 **동시에** 공급이 **감소**하였다면,
> 　　균형 거래량의 변화는 **수요와 공급의 변화 폭**에 의해 결정된다.
> 　　(=균형 거래량의 변화는 **알 수 없다**.)

(3) 수요와 공급이 동시에 변화하는 경우(힘의 크기가 주어진 경우)

> ⑦ **수요의 증가**가 공급의 증가보다 **크다면**, 균형 가격은 **상승**하고 균형 거래량은 **증가**한다.
> ⑧ **공급의 증가**가 수요의 증가보다 **크다면**, 균형 가격은 **하락**하고 균형 거래량은 **증가**한다.
> ⑨ **수요의 증가** 폭과 **공급의 증가** 폭이 **동일**하다면, 균형 가격은 **불변**이다.

제6장 수요와 공급의 탄력성

01 탄력성의 이해

탄력성	의미	양의 변화 정도(%)를 측정하는 지표
	구분	• 수요의 탄력성 : 수요량의 변화 정도(%)를 측정하는 지표 • 공급의 탄력성 : 공급량의 변화 정도(%)를 측정하는 지표
해석	탄력적	'양'의 변화 정도가 많다.
	비탄력적	'양'의 변화 정도가 적다.

① **수요**의 가격탄력성이 **탄력적**이라면, 가격의 변화율보다 **수요량의 변화율**이 보다 **크다**.
② **수요**의 가격탄력성이 **비탄력적**이라면, 가격의 변화율보다 **수요량의 변화율**이 보다 **적다**.
③ **수요**의 가격탄력성이 **완전 탄력적**이라면, 가격 변화에 **수요량이 무한대(∞)로 변화**한다.
④ **수요**의 가격탄력성이 **완전 비탄력적**이라면, 가격이 변화하더라도 **수요량은 고정**된다.

02 수요의 탄력성

수요의 가격 탄력성	의미	수요의 가격 탄력성 = $\left\lvert \dfrac{수요량\ 변화율(\%)}{가격\ 변화율(\%)} \right\rvert$
	구분	완전비탄력적 ─ 단위탄력적 ─ 완전탄력적 ← 비탄력적 ─── 탄력적 → 0 ─────── 1 ─────── 2 ─────── ∞ • 수요의 가격탄력성은 0 또는 양수(+)의 값으로 측정된다. • 1을 기준으로, 1보다 크면 탄력, 1보다 작으면 비탄력

수요의 소득 탄력성	의미	수요의 소득 탄력성 = $\dfrac{수요량\ 변화율(\%)}{소득\ 변화율(\%)}$
	특징	• 양수(+) 값 : 정상재 • 음수(-) 값 : 열등재

수요의 교차 탄력성	의미	수요의 교차 탄력성 = $\dfrac{수요량\ 변화율(\%)}{다른\ 재화의\ 가격\ 변화율(\%)}$
	특징	• 양수(+) 값 : 대체관계 • 음수(−) 값 : 보완관계

03 공급의 탄력성

공급의 가격 탄력성	의미	공급의 가격 탄력성 = $\dfrac{공급량\ 변화율(\%)}{가격\ 변화율(\%)}$
	구분	• 공급의 가격탄력성은 0 또는 양수(+)의 값으로 측정된다. • 1을 기준으로, 1보다 크면 탄력, 1보다 작으면 비탄력

04 탄력성을 결정하는 요인

수요가 보다 탄력적인 경우	공급이 보다 탄력적인 경우

• 대체재가 많을수록
   ㉠ 부동산 시장을 세분할수록
   ㉡ 부동산의 분류 범위가 좁을수록
   ㉢ 용도변경이 용이할수록
• 측정 기간이 장기일수록
	• 생산에 유리한 상황일수록
	   ㉠ 생산에 소요되는 기간이 짧을수록
	   ㉡ 생산비가 감소할수록
	   ㉢ 용도변경이 용이할수록
	• 측정 기간이 장기일수록

05 탄력성과 기울기

원칙	보다 탄력적일수록 수요(공급)곡선의 기울기는 보다 완만해진다.			
구분	완전 비탄력적 Q = 200	비탄력적	탄력적	완전 탄력적 P = 200

제7장 수요의 가격탄력성 응용

01 임대수입 증가를 위한 임대사업자 전략

유형 분석	소비자 형태	임대료(가격) 전략
	수요가 탄력적인 경우	인하 전략
	수요가 비탄력적인 경우	인상 전략

① 임대 수요가 **탄력적**일 때, **임대료가 하락**하면 임대사업자의 **임대수입**은 **증가**한다.
② 임대 수요가 **비탄력적**일 때, **임대료가 상승**하면 임대사업자의 **임대수입**은 **증가**한다.

③ 임대 수요가 **탄력적**일 때, **임대료가 상승**하면 임대사업자의 **임대수입**은 **감소**한다.
④ 임대 수요가 **비탄력적**일 때, **임대료가 하락**하면 임대사업자의 **임대수입**은 **감소**한다.

⑤ 임대 수요의 가격탄력성이 '1'(단위탄력적)이라면 임대사업자의 **임대수입**은 **불변**이다.

02 극단적인 시장의 균형 변화의 예외

유형 분석	극단적인 시장	균형 변화의 예외
	수요가 완전 탄력적일 때 ~ 공급이 완전 탄력적일 때 ~	가격 불변
	수요가 완전 비탄력적일 때 ~ 공급이 완전 비탄력적일 때 ~	거래량 불변

① 공급이 **완전 탄력적**일 때, **수요가 증가**하면 **가격은 불변**이고 거래량은 증가한다.
② 공급이 **완전 탄력적**일 때, **수요가 감소**하면 **가격은 불변**이고 거래량은 감소한다.

③ 공급이 **완전 비탄력적**일 때, **수요가 증가**하면 가격은 상승하고 **거래량은 불변**이다.
④ 공급이 **완전 비탄력적**일 때, **수요가 감소**하면 가격은 하락하고 **거래량은 불변**이다.

⑤ 수요가 **완전 탄력적**일 때, **공급이 증가**하면 **가격은 불변**이고 거래량은 증가한다.
⑥ 수요가 **완전 비탄력적**일 때, **공급이 증가**하면 가격은 하락하고 **거래량은 불변**이다.

03 가격 변화의 폭(더, 덜)

유형 분석	수요가 증가할 때	• 공급이 　탄력적일수록 • 공급이 비탄력적일수록	가격은 덜 상승한다. 가격은 더 상승한다.
	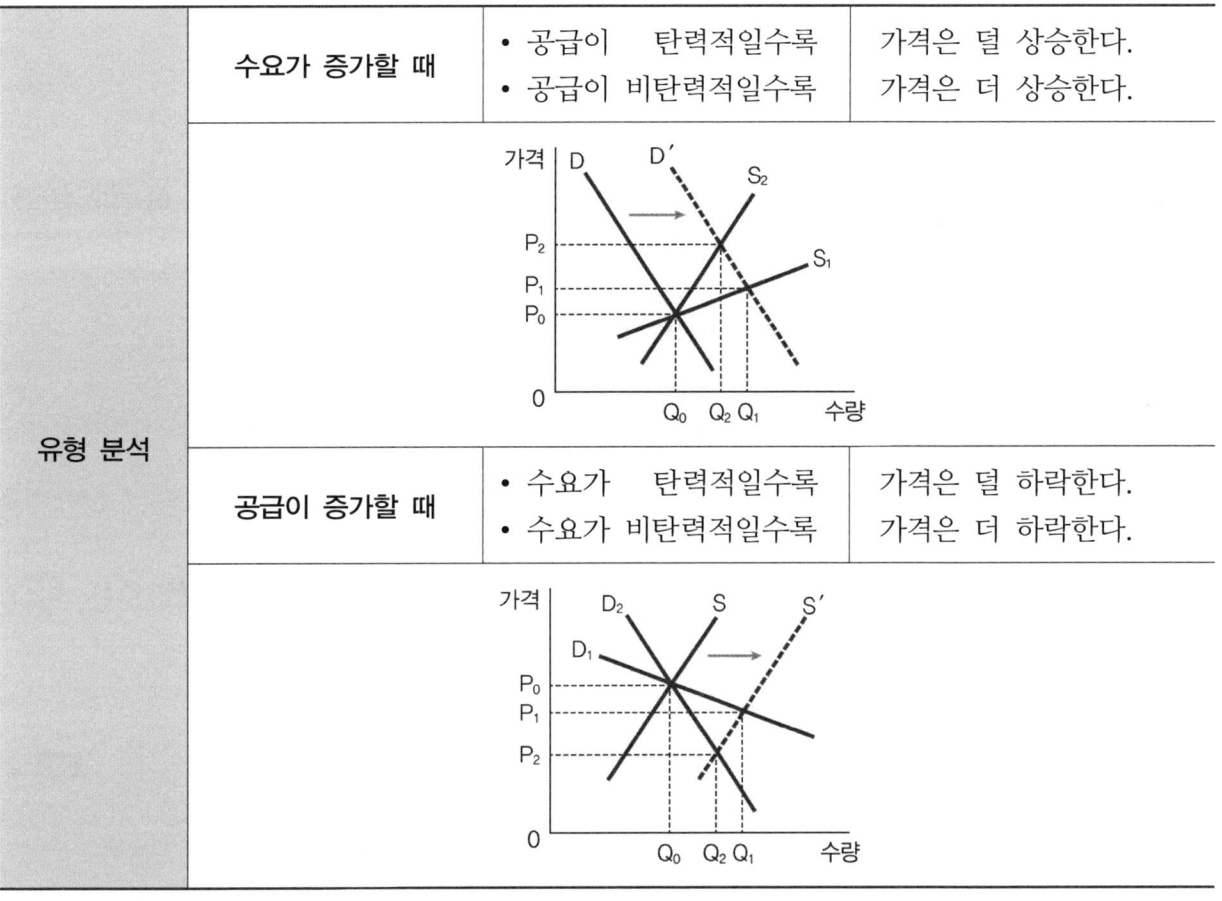		
	공급이 증가할 때	• 수요가 　탄력적일수록 • 수요가 비탄력적일수록	가격은 덜 하락한다. 가격은 더 하락한다.

① **수요가 증가**할 때 공급의 가격탄력성이 　**탄력**적일수록, 가격은 **덜**(더 적게) 상승한다.
② **수요가 증가**할 때 공급의 가격탄력성이 **비탄**력적일수록, 가격은 **더**(더 많이) 상승한다.
③ **수요가 증가**할 때 공급이 비탄력적일수록, **가격 상승의 폭**은 **증가**한다.

④ **공급이 증가**할 때 수요의 가격탄력성이 　**탄력**적일수록, 가격은 **덜**(더 적게) 하락한다.
⑤ **공급이 증가**할 때 수요의 가격탄력성이 **비탄**력적일수록, 가격은 **더**(더 많이) 하락한다.
⑥ **공급이 증가**할 때 수요의 가격탄력성이 비탄력적일수록, **가격 하락의 폭**은 **증가**한다.

⑦ **수요가 감소**할 때 공급이 　**탄력**적일수록, 가격은 **덜** 하락하고 거래량은 **더** 감소한다.
⑧ **공급이 감소**할 때 수요가 **비탄**력적일수록, 가격은 **더** 상승하고 거래량은 **덜** 감소한다.

✓ 주의(동일한 의미, 다른 표현)

① 가격은 **더** 상승한다. = 가격은 **더 많이** 상승한다. = 가격 상승의 폭은 **증가한다**.

② 가격은 **덜** 상승한다. = 가격은 **더 적게** 상승한다. = 가격 상승의 폭은 **감소한다**.

제8장 경제론 계산 문제

01 균형 계산

01 A지역 아파트시장에서 공급은 변화하지 않고 수요는 다음 조건과 같이 변화하였다. 이 경우 **균형가격**(㉠)과 **균형거래량**(㉡)의 변화는? (단, 가격과 수량의 단위는 무시한다.)

- 수요함수: $Q_{D1} = 120 - 2P$ (변화 전) ⇨ $Q_{D2} = 120 - \frac{3}{2}P$ (변화 후)
- 공급함수: $Q_S = 2P - 20$

① ㉠: 5 상승, ㉡: 5 증가
② ㉠: 5 상승, ㉡: 10 증가
③ ㉠: 10 상승, ㉡: 10 증가
④ ㉠: 10 상승, ㉡: 15 증가
⑤ ㉠: 15 상승, ㉡: 15 증가

정답 ②

02 부동산 정책의 시행으로 A지역 아파트시장의 공급함수는 일정하고 수요함수는 다음과 같이 변화되었다. 이 경우 y축, 수요곡선, 공급곡선으로 둘러싸인 도형의 면적과 균형 거래량의 변화는? (단, 거래량과 도형 면적의 단위는 무시하며, x축은 수량, y축은 가격을 나타냄) ☆ 제29회

- 수요함수: $Q_{d1} = 50 - P$ (이전) → $Q_{d2} = 80 - P$ (이후)
- 공급함수: $Q_s = -40 + 2P$
- P는 가격, Q_d는 수요량, Q_s는 공급량

① 면적: 700 증가, 균형 거래량: 10 증가
② 면적: 900 증가, 균형 거래량: 10 증가
③ 면적: 700 증가, 균형 거래량: 20 증가
④ 면적: 900 증가, 균형 거래량: 20 증가
⑤ 면적: 700 증가, 균형 거래량: 30 증가

정답 ④

02 탄력성 계산(유형1)

01 아파트 매매가격이 16% 상승함에 따라 다세대주택의 매매수요량이 8% 증가하고 아파트 매매수요량이 4% 감소한 경우에, 아파트 매매수요의 가격탄력성(Ⓐ), 다세대주택 매매수요의 교차탄력성(Ⓑ), 아파트에 대한 다세대주택의 관계(Ⓒ)는? (단, 수요의 가격탄력성은 절댓값으로 표시하며, 다른 조건은 불변이라고 가정함)

① Ⓐ : 0.25 Ⓑ : 0.5   Ⓒ : 대체재
② Ⓐ : 0.25 Ⓑ : 2   Ⓒ : 보완재
③ Ⓐ : 0.5   Ⓑ : 0.25 Ⓒ : 대체재
④ Ⓐ : 0.5   Ⓑ : 2   Ⓒ : 보완재
⑤ Ⓐ : 2   Ⓑ : 0.5   Ⓒ : 대체재

정답 ①

02 아파트에 대한 수요의 가격탄력성은 0.6, 소득탄력성은 0.4이고, 오피스텔가격에 대한 아파트 수요량의 교차탄력성은 0.2이다. 아파트 가격, 아파트 수요자의 소득, 오피스텔의 가격이 각각 3%씩 상승할 때, 아파트 전체 수요량의 변화율은? (단, 재화는 모두 정상재이고, 서로 대체재이며, 아파트에 대한 수요의 가격탄력성은 절댓값으로 나타낸다.)

① 1.2% 증가
② 1.8% 증가
③ 2.4% 감소
④ 3.6% 증가
⑤ 변화 없음

정답 ⑤

03 어느 지역의 오피스텔에 대한 수요의 가격탄력성은 0.6이고 소득탄력성은 0.5이다. 오피스텔 가격이 5% 상승함과 동시에 소득이 변하여 전체 수요량이 1% 감소하였다면, 이때 소득의 변화율은? (단, 오피스텔은 정상재이고, 수요의 가격탄력성은 절댓값으로 나타낸다.)

① 1% 증가
② 2% 증가
③ 3% 증가
④ 4% 증가
⑤ 5% 증가

정답 ④

03 탄력성 계산(유형2)

01 오피스텔 시장의 시장수요함수와 시장공급함수가 다음과 같을 때, 시장의 균형에서 수요의 가격탄력성(ϵP)과 공급의 가격탄력성(η)은? (단, Q_D: 수요량, Q_S: 공급량, P: 가격이고, 수요의 가격탄력성과 공급의 가격탄력성은 점탄력성을 말하며, 다른 조건은 동일함) ☆ 제31회

- 시장 수요함수: $Q_D = 100 - P$
- 시장 공급함수: $2Q_S = -40 + 3P$

① $\epsilon P = \dfrac{12}{13}$, $\eta = \dfrac{18}{13}$

② $\epsilon P = \dfrac{12}{13}$, $\eta = \dfrac{13}{18}$

③ $\epsilon P = \dfrac{13}{12}$, $\eta = \dfrac{13}{18}$

④ $\epsilon P = \dfrac{13}{12}$, $\eta = \dfrac{18}{13}$

⑤ $\epsilon P = \dfrac{18}{13}$, $\eta = \dfrac{13}{12}$

정답 ①

02 아파트에 대한 수요함수가 $Q_d = -2P + 6Y + 100$이고, P = 5, Y = 5인 경우, 수요의 소득탄력성은? (단, Q_d: 수요량, P: 가격, Y: 소득이고, 소득탄력성은 점탄력성을 말하며, 다른 조건은 동일함) ☆ 제28회

① 1/2
② 1/3
③ 1/4
④ 1/5
⑤ 1/6

정답 ③

PART 03

시장론

Chapter 09 부동산 시장과 주택시장
Chapter 10 부동산 시장의 효율성
Chapter 11 부동산 경기변동
Chapter 12 에치켈의 거미집 모형
Chapter 13 주거분리, 주택 여과
Chapter 14 시장론 계산 문제

PART 03 시장론

제9장 부동산 시장과 주택시장

01 부동산 시장의 이해

정의	양, 질, 위치 등 다양한 측면에서, 유사한 부동산에 대해 유사한 가격이 형성되는 지리적 구역
기능	• 자원 및 공간의 배분 기능 • 부동산의 양과 질의 조절 기능 • 교환의 기능, 가격 창조 기능, 정보 제공 기능

특징	지역적 시장	
	공급의 장기성	• 단기적인 수급 조절의 곤란성 • 단기적인 가격 왜곡 현상
	비 3종 SET (개별성)	• 거래의 비공개성 • 상품의 비표준화 / 시장의 비조직화
	시장의 불완전성	• 소수의 수요자와 공급자, 진입과 퇴거의 어려움 • 개별적인 재화 • 정보의 비대칭성
	기타	과도한 법적 제한, 대출의 중요성

① 주택시장은 **지역적 경향**이 강하고, **지역수요**에 의존한다.
② 부동산 **공급에는 상당한 시간**이 소요되므로, **단기적**으로 가격이 왜곡될 가능성이 크다.
③ 부동산 **시장의 비공개성**은 부동산의 **정보 수집을 어렵게 한다**.
④ 부동산은 **고가**이기 때문에, **자금 조달 가능성**이 시장 참여에 영향을 미친다.
⑤ 부동산은 **개별성**이 강하기 때문에, 부동산 **상품**은 **표준화가 어렵고**, 부동산 상품별로 **시장이 조직될 수 없다.**
⑥ 부동산 시장은 **불완전시장**으로 완전경쟁을 전제로 하는 이론이나 모형이 적용되기 어렵다.

02 디파스퀠리·위튼(Dipasquale·Wheaton)의 4사분면 모형

의미	• 부동산 공간(임대)시장과 부동산 자산시장과의 관계를 설명하는 모형 • 1사분면과 4사분면은 공간에 대한 임대차 시장을 의미한다. • 2사분면과 3사분면은 자산시장을 의미한다.
구분	1사분면	공간(임대)시장의 균형 임대료 결정 / 공간시장의 균형
	2사분면	자산시장의 부동산 가격 결정 / 자산시장의 균형
	3사분면	자산시장의 신규공급량 결정
	4사분면	공간(임대)시장의 재고량 결정
관계	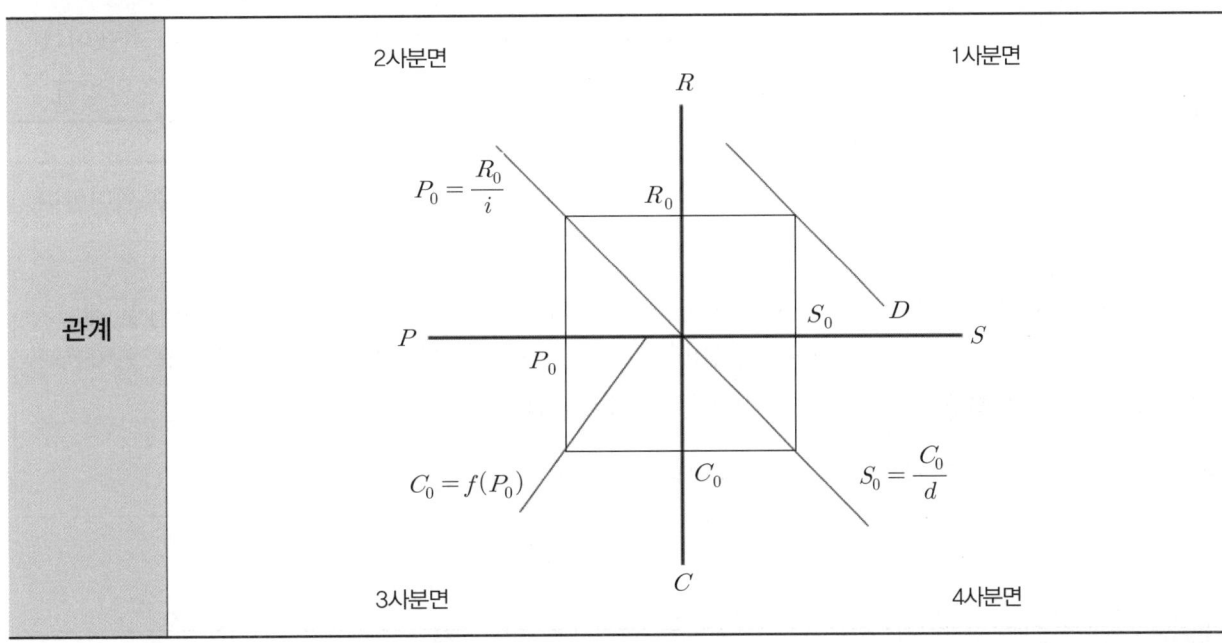

① 1사분면 : 부동산 공간 재고량(S_0)과 공간 수요(D)에 의해 **균형임대료**(R_0)가 결정된다.
② 2사분면 : 균형임대료(R_0)를 환원율로 환원하여 **자산 가격**(P_0)이 결정된다.
③ 3사분면 : 이윤 극대화 원리에 의해서 한계비용과 자산 가격이 같아지는 수준까지 **신규 건설 공급량**(C_0)이 결정된다.
④ 4사분면 : 신규 건설 공급량(C_0)과 부동산 재고의 변동에 의해 **부동산 재고량**(S_0)이 결정된다.

⑤ 이 모형은 부동산 **공간시장**과 부동산 **자산시장**의 관계를 설명한 모형이다.
⑥ 이 모형은 부동산이 **소비재**이면서도 **투자재**라는 특성을 전제로 한다.

03 주택시장 관련 용어

주택소요	의미	주택 필요량(housing needs)
	내용	• 주택 정책을 수립하기 위해 정부가 추계한 주택 필요량을 의미한다. • 주택수요와 구별되는 개념이다.
PIR	의미	소득대비 주택가격 비율(PIR; price to income ratio) $$PIR = \frac{중위\ 주택가격}{중위\ 소득}$$
	내용	• PIR이 10이라면, 대출 없이 주택을 구입하기 위해서는 10년 동안의 소득을 한 푼도 쓰지 않고 모아야 함을 의미한다. • 가구소득수준을 반영한 주택가격의 적정성을 판단하는 지표이다. • 대출 없이 소득만으로 평가한 가구의 주택구입능력을 의미한다.

① **주택소요**(housing needs)는 주택 정책을 수립하기 위해 정부가 추계한 **주택 필요량**을 의미한다. 주택소요는 사회·복지 정책상의 개념이다.

② **소득대비 주택가격 비율**(PIR; price to income ratio)이란 주택가격이 연평균소득의 몇 배인지를 나타내는 지표로, PIR이 10이라면 10년의 소득을 모아야 주택을 구입할 수 있음을 의미한다.

③ **PIR**의 수치가 **클수록**, 주택의 구입이 보다 **어려워짐**을 의미한다.

④ 주택시장의 **단기 공급**곡선은 **저량** 개념이고, **장기 공급**곡선은 **유량** 개념이다.

불량주택	의미	가격수준이 낮은 주택
	내용	• 가격수준이 낮아 질이 좋지 못한 주택을 의미한다. • 불량주택은 시장이 원활히 작동되고 있기 때문에 발생한다.

① **불량주택**이란 가격수준이 낮아 질이 좋지 못한 주택을 의미한다. **불량주택**은 **시장실패**로 발생되는 것이 **아니라**, 시장이 자원배분의 기능을 원활히 수행하기 때문에 발생한다.

② **불량주택**과 같은 **저가주택**을 없애기 위해서는 저소득층의 소득수준을 증가시켜야만 한다. 즉 불량주택은 시장실패의 문제가 아니라 **소득의 문제**이다.

04 인플레이션과 인플레이션 헷지(방어)

의미	재화의 가격이 지속적으로 상승하는 현상
현상	• 물가가 상승하면 화폐(돈)의 가치가 하락한다. • 물가가 상승하면 현재 돈을 가지고 있거나 앞으로 돈을 받을 자(채권자, 은행)가 불리해진다.
대책	• 인플레이션이 예상되면 은행은 대출금리를 인상하려고 한다. • 인플레이션이 예측되면 임대인은 임대료를 인상하려고 한다. • 현금 대신 자산을 보유한다.

제10장 부동산 시장의 효율성

01 효율적 시장

의미	정보가 지체 없이 가격(시장가치)에 반영되는 시장	
구분	약성 효율적 시장	'과거정보'가 지체 없이 반영되는 시장
	준강성 효율적 시장	'과거정보', '현재정보'가 지체 없이 반영되는 시장
	강성 효율적 시장	'과거정보', '현재정보', '미래정보'가 지체 없이 반영되는 시장

① **효율적 시장**이란 새로운 **정보가 지체 없이** 가격(시장가치)에 **반영되는 시장**이다.
② 효율적 시장은 **시장에 반영되는 정보의 종류**에 따라 **약성** 효율적 시장, **준강성** 효율적 시장 및 **강성** 효율적 시장으로 **구분된다**.

③ **과거**의 정보가 지체 없이 가격(시장가치)에 반영되는 시장이라면 **약성** 효율적 시장이다.
④ **과거** 정보와 **현재** 공표된 정보가 가격에 즉각적으로 반영된다면 **준강성** 효율적 시장이다.
⑤ 공표된 것이건 그렇지 않은 것이건 어떠한 정보도 이미 가격에 반영되어 있다면 **강성** 효율적 시장이다.
⑥ **준강성** 효율적 시장은 **약성** 효율적 시장의 성격을 **포함**한다.

02 초과이윤 획득 가능성

구분	과거 정보	현재 정보	미래(내부) 정보	정보 분석 방법
약성 효율적 시장		○	○	기본적 분석
준강성 효율적 시장			○	
강성 효율적 시장				

① **약성** 효율적 시장에서는 **현재 정보**를 통해, 초과이윤을 획득할 수 **있다**.
② **약성** 효율적 시장에서는 **미래(내부) 정보**를 통해, 초과이윤을 획득할 수 **있다**.
③ **약성** 효율적 시장에서는 **기본**적 분석을 통해, 초과이윤을 획득할 수 **있다**.

④ **준강성** 효율적 시장에서 **미래(내부) 정보**를 획득하면, 초과이윤을 획득할 수 **있다**.
⑤ **강성** 효율적 시장은 이미 모든 정보가 가격에 반영되어 있으므로 **어떤 정보를 분석하더라도 초과이윤을 획득할 수 없는 시장**이다.

03 기타 효율적 시장 관련 논점

정보 분석	기술적 분석	과거 정보를 분석하는 방법
	기본적 분석	과거 정보 및 현재 정보를 동시에 분석하는 방법

① **기술적 분석**이란 과거의 추세에 대한 **역사적 정보**를 이용하여 미래 시장을 예측하는 분석기법으로, 어떤 시장을 가정하든 **기술적 분석**을 통해 초과이윤을 획득할 수 **없다**.

② 어떠한 형태의 효율적 시장이 부동산 시장에 존재하는가는 나라마다 **다르며**, 효율성의 정도도 **다르다**.
③ 일반적으로 부동산 시장은 **준강성 효율적 시장**까지 나타난다고 볼 수 있다.
④ **어느 지역을 주택투기지역으로 지정할 것이라는** 소문이 시장에 알려지자 해당 지역 주택시장이 급격하게 냉각되었다면, 이는 **효율적 시장이론**으로 설명할 수 있다.
⑤ **강성** 효율적 시장은 **완전경쟁시장**에 가장 부합하는 시장이다.

04 할당(배분) 효율적 시장

의미	• 자본의 할당이 효율적인 시장 • 어느 시장에서도 초과이윤을 획득할 수 없는 시장	
논점	완전경쟁시장	항상 할당 효율적 시장이 된다.
	불완전경쟁시장	할당 효율적 시장이 될 수 있다.

① **할당 효율적 시장**이란 모든 투자 시장에서 위험을 감안한 수익률이 동일하여 어느 시장에서도 **초과이윤을 획득할 수 없는 시장**을 말한다.
② 특정 투자자가 얻는 **초과이윤**이 이를 발생시키는 데 필요한 정보비용보다 **크다면, 할당 효율적 시장**이 될 수 **없다**.

③ **부동산 시장**은 여러 가지 불완전한 요소가 많더라도, **할당 효율적 시장**이 **될 수 있다**.
④ **부동산 시장**은 주식시장이나 일반적인 재화시장보다 더 불완전 경쟁적이더라도, **할당**(배분) **효율성을 달성할 수 있다**.
⑤ **완전경쟁시장**이나 **강성 효율적 시장**에서는 **할당 효율적인 시장**만 존재한다.

제11장 부동산 경기변동

01 경기변동

의미	경제활동의 수준이 변동하는 현상	
유형	순환적 경기변동	
	계절적 경기변동	계절이 원인이 되어 나타나는 경기변동
	장기적 경기변동	50년 이상의 장기로 나타나는 경기변동
	무작위적 경기변동 (불규칙적 경기변동)	• 지진, 전쟁 등 예기치 못한 상황 • 정부의 정책 변화

① 대학교 근처 임대주택이 **방학**을 주기로 공실률이 높아지는 것은 **계절적 변동의 사례**이다.
② 매년 **12월**에 건축허가량이 다른 달에 비해 줄어드는 현상은, **계절적 변동**의 사례이다.
③ **정부의 부동산 대책**과 같은 외부충격으로 주택시장의 경기가 변화했다면, 이는 **무작위적 경기변동(불규칙적 경기변동 또는 비순환적 경기변동)**의 사례이다.
④ **일시적인 정부규제 완화**로 건축허가량이 증가하였다면, 이는 **불규칙적 경기변동**에 해당된다.

02 부동산 경기순환

구조	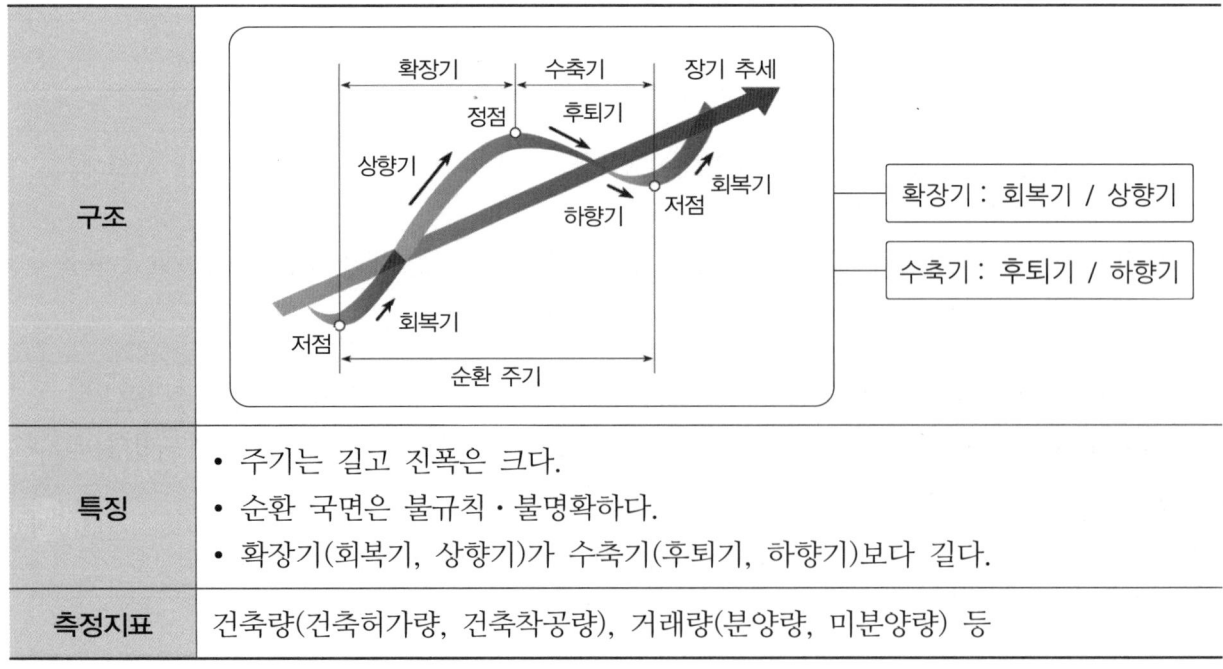
특징	• 주기는 길고 진폭은 크다. • 순환 국면은 불규칙·불명확하다. • 확장기(회복기, 상향기)가 수축기(후퇴기, 하향기)보다 길다.
측정지표	건축량(건축허가량, 건축착공량), 거래량(분양량, 미분양량) 등

① 부동산 경기는 일반적으로 **주기는 길고, 진폭은 크다.**
② 부동산 경기는 주기의 각 순환 국면이 **불명확·불규칙**한 특징을 갖는다.
③ 부동산 경기순환의 경우 **확장기**의 기간은 **길고**, 수축기의 기간은 **짧다**.
④ 일반적으로 **경기 회복**은 길고 완만하지만, **경기 후퇴는 짧고** 빠르다.
⑤ **건축량, 거래량** 등은 부동산 **경기를 측정하는 지표**가 될 수 있다.

03 확장기와 수축기의 특징

확장기	회복 국면	• 매도자 중시 시장(매도자가 거래를 주저하는 시장)
	상향 국면	• 과거 가격은 새로운 거래의 하한선
수축기	후퇴 국면	• 매수자 중시 시장(매수자가 거래를 주저하는 시장)
	하향 국면	• 과거 가격은 새로운 거래의 상한선

① **회복**시장은 **매도자가 거래를 주저**하는 경향이 있기 때문에 **매도자**가 중시되는 시장이다.
② **상향**시장에서 직전 회복시장의 거래가격은 새로운 거래의 **하한선**이 된다.
③ **후퇴**시장은 **매수자가 거래를 주저**하는 경향이 있기 때문에 **매수자**가 중시되는 시장이다.
④ **하향**시장에서 직전 회복시장의 거래가격은 새로운 거래의 **상한선**이 된다.

⑤ **회복** 국면에서는 경기의 회복에 대한 기대감으로 **건축허가 신청건수**가 점차 **증가**한다.
⑥ **후퇴** 국면이 일반 경기와 병행하여 장기화되면 점차 **공실률은 증가**하기도 한다.

04 기타 논점

| 안정시장 | 의미 | • 부동산 시장은 경기순환 이외에 안정시장이라는 국면이 있다.
• 부동산 가격이 안정되어 있거나 가벼운 상승을 보이는 시장으로 실수요자에 의해 유지되는 부동산 시장이다. |
| | 사례 | 위치가 좋고 규모가 적당한 주택이나 점포 등 |

① **부동산 전체 경기**는 서로 다른 형태를 보이는 부동산 **부분 시장들의 가중평균치**적인 성격을 지닌다.
② **부동산 시장**은 회복·상향·후퇴·하향의 4가지 국면 외에 **안정시장**이라는 **국면이 있다.**

제12장 에치켈의 거미집 모형

01 거미집 모형의 이해

의미	• 농산물 가격의 주기적인 폭등과 폭락을 설명하는 이론 • 동태적 분석
가정	• 공급의 장기성, 수요와 공급의 시차(time-lag) • 공급자(농부)의 비합리성

① **거미집 이론**이란 **수요와 공급의 시차** 또는 **공급의 장기성**이 농산물 가격의 주기적인 폭등과 폭락을 만들어낸다는 이론이다.

② 거미집 모형은 가격이 변할 때 **수요량**은 **즉각 변화**함을 가정한다.

③ 거미집 모형은 가격이 변할 때 **공급량**은 **일정 기간 후에 변화**함을 가정한다.

④ 거미집 모형은 **공급자**가 **현재 가격에만 반응**함을 가정한다.

⑤ 거미집 모형의 현상은 주거용 부동산보다 경기를 많이 타는 **상업용이나 공업용 부동산**에서 더 강하게 나타난다.

02 거미집 모형의 구분

수렴형	의미	폭등과 폭락이 사라지는 형태
	안정 조건	• ∣수요의 가격 탄력성∣> 공급의 가격 탄력성 • ∣수요곡선 기울기 값∣< 공급곡선 기울기 값

순환형	의미	폭등과 폭락이 반복되는 형태
발산형	의미	폭등과 폭락이 심화되는 형태

(1) 탄력성을 제시한 경우(소비자라도 똑똑하다면, 폭등과 폭락은 해결된다.)

① 수요의 가격 탄력성 1.4 / 공급의 가격 탄력성 0.9 ────── **수렴**형

② 수요의 가격 탄력성 0.9 / 공급의 가격 탄력성 0.9 ────── **순환**형

③ 수요의 가격 탄력성 0.6 / 공급의 가격 탄력성 0.9 ────── **발산**형

(2) 기울기 값을 제시한 경우(소비자의 키가 작으면 수렴, 소비자의 키가 크면 발산)

① 수요곡선 기울기 값 −1.5 / 공급곡선 기울기 값 +2.0 ────── **수렴**형

② 수요곡선 기울기 값 −2.0 / 공급곡선 기울기 값 +2.0 ────── **순환**형

③ 수요곡선 기울기 값 −3.5 / 공급곡선 기울기 값 +2.0 ────── **발산**형

(3) 함수를 제시한 경우(함수에서 기울기 값을 찾는다.)

① 수요함수 $P = 100 - 1.5Q_D$ / 공급함수 $P = 50 + 2Q_S$ ────── **수렴**형

② 수요함수 $P = 400 - 2Q_D$ / 공급함수 $2P = 100 + 4Q_S$ ────── **순환**형

③ 수요함수 $P = 100 - 1Q_D$ / 공급함수 $2P = 50 + 1Q_S$ ────── **발산**형

④ 수요함수 $Q_D = 100 - P$ / 공급함수 $2Q_S = -10 + P$ ────── **수렴**형

> **주의(함수에서 기울기 값을 찾는 방법)**
>
> 1. 수량(Q) 앞의 수치를 읽는다.
> 2. P로 시작하는지 확인한다.

제13장 주거분리, 주택 여과

01 주거분리

의미	주거지역이 소득계층별로 서로 분리되는 현상
원인	• 외부효과 • 정(+)의 외부효과는 받으려고 하고 부(-)의 외부효과는 피하려는 동기로부터 주거지역은 소득계층별로 서로 분리된다.
형성	(저소득층 주거지역 - 가격의 할증 / 고소득층 주거지역 - 가격의 할인, 도시의 성장방향)

① **주거분리**는 **주택시장**이 **소득계층별로 분화되는 현상**을 말한다.

② **주거분리 현상**의 **원인**은 **외부효과** 때문이다.

③ **주거분리**는 주택소비자가 정(+)의 **외부효과**는 추구하려 하고 부(-)의 **외부효과**는 피하려는 동기에서 비롯된다.

④ 주거분리는 **도시 전체적인 측면**에서 발생할 수도 있고 지리적으로 인접한 **근린지역**에서도 발생할 수 있다.

⑤ 고소득층 주거지역과 인접한 **저소득층 주택**은 **할증**료가 붙어 거래된다.

⑥ 경계지역 부근의 **고소득층 주택**은 **할인**되어 거래된다.

02 주택 여과(순환)

주택 여과	의미	서로 다른 소득계층 간에 주택이 순환되는 현상
	내용	하향 여과: 저 → 저 / 상향 여과: 재개발 → 고, 고 침입(주민들의 이사), 천이(주거지역 변화)
하향 여과	의미	저소득층이 노후화되어 가격이 하락한 고소득층 주택을 사용하는 현상
	원인	저소득층의 저가주택에 대한 수요가 증가한 경우
상향 여과	의미	고소득층이 재개발되어 가격이 상승한 저소득층 주택을 사용하는 현상
	원인	저소득층 주거지역의 주택이 수선·재개발된 경우

① **주택 여과** 또는 **주택필터링**(filtering) 현상은 서로 다른 소득계층 간에 주택이 순환되는 현상을 말한다.
② 주택 여과는 **가구의 질적 변화**와 **가구의 이동** 현상을 설명하는 데 유용하다.
③ **주거입지**는 **침입**과 **천이** 현상으로 인해 변화할 수 있다.

④ 노후화된 고소득층의 주택이 **저소득층의 사용**으로 전환되는 현상을 **하향 여과**라고 한다.
⑤ 고소득층 주거지역으로 **저소득층이 들어오는 것**을 **하향 여과** 과정이라고 한다.
⑥ **하향 여과**는 저소득층이 **저가주택에 대한 수요가 증가할 때** 나타난다.
⑦ 하향 여과가 발생하면 **저가주택에 대한 공급량(물량)은 증가**한다.

⑧ **상향 여과**는 저소득층 주거지역의 **저급주택**이 **수선**되거나 **재개발**될 때 나타난다.
⑨ **상향 여과**는 저소득층 주거지역에서 **주택의 보수를 통한 가치 상승분**이 보수비용보다 **클 때** 나타나는 현상이다.

⑩ **고소득층 주거지역**에서 **주택 개량에 소요되는 비용**이 개량으로 인한 가치 상승분보다 **크다면** 하향 여과가 발생하기 **쉽다**.
⑪ **저소득층 주거지역**에서 **주택의 보수(재개발)를 통한 가치상승분**이 보수(재개발)비용보다 **크다면** 상향 여과가 발생하기 **쉽다**.

제14장 시장론 계산 문제

01 정보의 현재가치

01 1년 후 신역사가 들어선다는 정보가 있다. 이 정보의 현재가치는? (단, 제시된 가격은 개발정보의 실현 여부에 의해 발생하는 가격차이만을 반영하고, 주어진 조건에 한함)

- 역세권 인근에 일단의 토지가 있다.
- 역세권개발계획에 따라 1년 후 신역사가 들어설 가능성은 40%로 알려져 있다.
- 이 토지의 1년 후 예상가격은 신역사가 들어서는 경우 8억 8천만원, 들어서지 않는 경우 6억 6천만원이다.
- 투자자의 요구수익률은 연 10%이다.

① 1억원
② 1억 1천만원
③ 1억 2천만원
④ 1억 3천만원
⑤ 1억 4천만원

정답 ③

02 복합쇼핑몰 개발사업이 진행된다는 정보가 있다. 다음과 같이 주어진 조건하에서 합리적인 투자자가 최대한 지불할 수 있는 이 정보의 현재가치는?

- 복합쇼핑몰 개발예정지 인근에 일단의 A토지가 있다.
- 2년 후 도심에 복합쇼핑몰이 개발될 가능성은 50%로 알려져 있다.
- 2년 후 도심에 복합쇼핑몰이 개발되면 A토지의 가격은 6억 500만원, 개발되지 않으면 3억 250만원으로 예상된다.
- 투자자의 요구수익률(할인율)은 연 10%이다.

① 1억 500만원
② 1억 1,000만원
③ 1억 1,500만원
④ 1억 2,000만원
⑤ 1억 2,500만원

정답 ⑤

PART 04

정책론

Chapter 15 정책의 이해
Chapter 16 외부효과와 공공재
Chapter 17 임대주택 정책
Chapter 18 분양주택 정책
Chapter 19 부동산 조세
Chapter 20 다양한 부동산 정책
Chapter 21 정책론 계산 문제

PART 04 정책론

제15장 정책의 이해

01 정책의 이해

의미	정부가 시장에 개입하는 여러 가지 행위	
이유	경제적 이유	시장실패의 수정
	정치적 이유	특정 사회적 목표 달성
정부실패	정부의 시장 개입이, 오히려 전보다 못한 결과를 만들어내는 현상	

02 시장실패

의미	시장이 자원을 효율적으로 배분하지 못하는 상황	
유형	과대한 자원 배분	외부 불경제
	과소한 자원 배분	외부 경제 / 공공재
원인	• 외부효과와 공공재 • 정보의 비대칭성, 위험과 불확실성, 불완전 경쟁 등	

① 시장실패의 대표적인 원인으로 **공공재**, **외부효과**, **정보의 비대칭성**이 있다.

② 정부가 주택시장에 개입하는 이유는 주택시장에 **시장실패**의 요인이 있기 때문이다.

③ 정부는 **저소득층의 주택문제**의 해결, **주거복지**의 증진, **소득재분배** 등 시장의 기능으로 달성하기 어려운 목표를 달성하기 위해 개입한다.

④ **시장**의 가격기구가 **자원을 효율적으로 배분하지 못하는 상황**을 **시장실패**라고 한다.

⑤ 정부의 정보 부족, 관료제도 등에 의해 정부의 시장개입이 오히려 전보다 못한 결과를 초래할 수도 있는데, 이를 **정부실패**라고 한다.

⑥ 저소득층에 대한 임대주택 공급은 **소득의 재분배** 효과가 있다. (소득의 직접 분배 ×)

03 정책의 구분

직접개입방식	의미	시장이 결정할 가격과 수량을 정부가 직접 결정하거나, 수요자 또는 공급자의 역할을 정부가 직접 수행하는 방식
	종류	• 임대료 규제, 분양가 규제 • 토지비축제도(토지은행제도), 토지 수용, 토지 선매 • 공공택지개발, 공공임대주택 등 다양한 공적 개발

간접개입방식	의미	정부가 가격과 수량을 직접 통제하는 것이 아니라, 수요자와 공급자의 행동을 변화시키고자 하는 다양한 유인책들
	종류	• 조세·부담금 / 보조·지원 • LTV·DTI 등 대출 규제 • 부동산 가격 공시 제도

① 임대료 상한제, 분양가 상한제 (직접, 간접)
② 토지비축제도(토지은행제도), 토지 수용, 선매 제도 (직접, 간접)
③ 공적 개발 : 공공임대주택, 공공택지개발 등 (직접, 간접)

④ **조세** : 재산세, 종합부동산세, 토지취득세 등 (직접, 간접)
⑤ **부담금** : 개발부담금, 재건축부담금 등 (직접, 간접)
⑥ **보조 및 지원** : 임대료 보조, 금융 지원, 정보 지원(가격공시제도) 등 (직접, 간접)
⑦ **대출 규제** : 대부비율(LTV), 총부채상환비율(DTI) 등 (직접, 간접)

토지이용규제	의미	바람직한 토지이용을 유도하고자 하는 정책
	종류	• 각종 토지이용계획 및 도시계획 • 용도지역제, 개발행위 허가제, 토지거래 허가제

※ 주의 : 2분법(직접, 간접)으로 출제한 경우, 토지이용규제는 간접으로 분류하시어요.

제16장 외부효과와 공공재

01 외부효과의 이해

의미	어떤 경제주체가 다른 경제주체에게 시장의 가격기구를 통하지 않고 의도하지 않은 이익이나 손해를 주는 현상	
구분	손해를 주는 경우	외부 불경제 또는 부(−)의 외부효과
	이익을 주는 경우	외부 경제 또는 정(+)의 외부효과

① **외부효과**는 어떤 경제주체의 **의도하지 않은 활동의 결과**가 **시장을 통하지 않고** 다른 경제주체의 후생에 영향을 주는 것이다.
② **외부효과**란 한 사람의 행위가 제3자의 경제적 후생에 영향을 미치지만, **그에 대한 보상이 이루어지지 않는 현상**이다.

02 외부효과와 시장실패

외부 불경제	의미	• 의도하지 않은 손해를 주면서, 그에 대한 배상을 하지 않는 경우 • 공장의 공해(생산과정), 흡연자의 흡연(소비과정)
	유형	과대 생산 또는 과대 소비
	대책	벌금·부담금 또는 조세 부과 등 규제
	현상	• 님비(NIMBY; not in my back yard) 현상을 유발 • 사회적 비용 > 사적 비용
외부 경제	의미	• 의도하지 않은 이익을 주면서, 그에 대한 대가를 받지 않는 경우 • 꽃집의 꽃 진열(생산과정), 예방접종(소비과정)
	유형	과소 생산 또는 과소 소비
	대책	지원 및 보조 등 장려
	현상	• 핌피(PIMFY; please in my front yard) 현상을 유발 • 사회적 편익 > 사적 편익

① **외부 불경제**란 제3자에게 **손해를 주면서도** 그에 대한 **대가를 지불하지 않는 경우**이다.
② 생산과정에서 **외부 불경제**가 발생되면, 그 재화는 사회적인 최적 생산량보다 **과대**하게 생산되는 경향이 있다.
③ **부(-)의 외부효과**가 발생하면 정부는 **벌금·조세 부과** 등 **규제**를 통해 자원배분의 비효율성을 감소시킬 수 있다.

④ **외부 경제**란 제3자에게 **이익을 주면서도** 그에 대한 **대가를 지불받지 않는 경우**이다.
⑤ 생산과정에서 **외부 경제**가 발생되면, 그 재화는 사회적인 최적 생산량보다 **과소**하게 생산되는 경향이 있다.
⑥ **정(+)의 외부효과**가 발생하면 정부는 **보조금 지급** 등을 통해 자원배분의 비효율성을 감소시킬 수 있다.

03 공공재와 시장실패

공공재		공공이 함께 사용할 수 있는 재화 또는 서비스
특징	소비의 비경합성	다수가 동시에 소비할 수 있기 때문에 먼저 소비하기 위해 경쟁하지 않는다.
	소비의 비배제성	비용을 부담하지 않는 사람도 소비에서 배제되지 않는다. 즉 소비를 할 수 있다.
공공재와 시장실패	이유	무임 승차자의 발생
	유형	과소 생산 또는 생산 불가능
	대책	정부의 직접 생산 및 공급

① **공공재**는 소비의 **비경합성**과 소비의 **비배제성**의 특성을 가지는 재화이다.
② 한 개인의 소비가 다른 개인의 소비를 감소시키지 않는 특성은 소비의 **비경합성**이다.
③ 공공재는 비용을 부담하지 않은 사람도 소비를 할 수 있는데, 이를 소비의 **비배제성**이라고 한다.

④ 공공재는 소비의 비배제성으로 인하여 개인들이 생산비를 부담하지 않고 이를 최대한 이용하려고 하는데, 이를 **무임승차자**의 문제라고 한다.
⑤ 공공재의 생산을 시장에 맡길 경우, 사회적 적정 생산량보다 **과소하게 생산**되거나 **생산이 불가능**해지는 경향이 있다.

제17장 임대주택 정책

01 임대료 규제 정책(임대료 상한, 최고 임대료)

의미	• 정부가 시장의 균형 임대료 이하로, 임대료를 통제하는 정책 • 만약 규제 임대료가 균형 임대료보다 높다면, 시장에 미치는 영향은 없다.
성격	• 임차인 보호 • 직접 개입 방식

효과	단기(임차인) 초과 수요
	장기(임대인) 공급 감소 • 수익성 악화로 인한 임대주택의 품질 저하
	                                  • 주거 이동의 제한
	                                  • 암시장 형성

결론	• (주택의 공급이 감소하지 않는) 단기에는 효과가 있다. • (주택의 공급이 감소하는) 장기에는 효과가 없다.

① **임대료 규제 정책**이란 정부가 임차인을 보호하기 위하여 시장 균형 임대료 **이하로** 임대료를 통제하는 정책이다.

② 만약 **최고 임대료**가 시장 임대료보다 **높은 수준으로 규제되면**, 임대료 규제 정책은 시장에 아무런 영향을 주지 못한다.

③ 최고 임대료가 규제되면 단기적으로 임대주택 시장에 **초과수요(주택 부족)** 현상이 발생한다.

④ 임대료 규제가 시행되면 임대주택의 사업성이 악화되기 때문에 **장기**적으로 **임대주택의 물량(공급)이 감소한다.**

⑤ 정부가 임대료 상승을 규제하면 **장기**적으로 기존 임대주택이 다른 용도로 전환되면서 임대주택의 **공급량이 감소**한다.

⑥ 일반적으로 임대료 규제는 기존 임차인들의 **주거 이동을 제약한다.**

⑦ 일반적으로 임대료 규제는 **임대주택의 질을 하락시킬 수 있다.**

⑧ 임대료 규제는 **임대주택 물량이 감소하지 않는 단기에만 효과가 있는** 정책이다.

02 임대료 보조 정책

의미	정부가 임차인에게 임대료의 일부 또는 전부를 보조해주는 정책
성격	• 임차인 보호 • 간접 개입 방식 / 소비자 보조 방식

효과	단기(임차인)	임대주택에 대한 수요 증가
	장기(임대인)	임대주택에 대한 공급 증가

① **임대료 보조**는 정부가 임대료의 일부 또는 전부를 임차인에게 보조하는 정책이다.

② 임대료가 보조되면 **단기**적으로 임대주택에 대한 **수요가 증가한다**. (임대료 상승)

③ 임대료가 보조되면 **장기**적으로 임대주택에 대한 **공급이 증가한다**. (임대료 하락)

④ 임대료 보조 정책은 임대료 규제 정책과 달리, **장기**적으로 임대주택의 **공급을 증가**시킨다.

⑤ **주거급여**는 생활이 어려운 사람에게 주거안정에 필요한 임차료 등을 지급하는 것을 말한다.

⑥ **주거바우처**제도는 임대료 보조를 교환권으로 지급하는 제도를 말하며, 우리나라에서는 일부 지방자치단체에서 저소득가구에 주택임대료를 일부 지원해 주는 방식으로 운영되고 있다.

⑦ 주거바우처는 **소비자보조방식**의 일종으로 **임차인의 주거지 선택**을 **용이**하게 할 수 있다.

03 공공임대주택 정책

의미	정부가 직접 임대주택을 건설·매입 또는 임차하여 공급하는 정책
성격	• 임차인 보호 • 직접 개입 방식

① 정부가 공급하는 **공공임대주택**의 **임대료**는 시장 임대료보다 **낮기 때문에** 공공임대주택의 거주자들은 사적 시장의 임대료와의 차이만큼 정부로부터 **주거비를 보조받는 효과**가 발생한다.

② **공공임대주택**의 종류 : (부동산 분류에 수록)

제18장 분양주택 정책

01 분양가 규제 정책(분양가 상한제)

의미	• 정부가 시장 분양가 이하로 분양가를 통제하는 정책 • 분양가 상한제는 주택가격을 안정시키고 무주택자의 신규주택 구입부담을 경감시키기 위해서 도입되었다.
효과	• 임대료 규제 정책의 효과와 동일 : 초과수요, 공급 감소 • 분양 프리미엄을 얻기 위한 과도한 청약, 분양권 전매 등 투기 현상

① **분양가 규제** 정책이란 무주택자의 주택가격 부담을 완화하기 위해서 **시장 분양가 이하**로 분양가를 통제하는 정책이다.

② 분양가 상한제에서 상한가격이 시장가격보다 낮을 경우 일반적으로 **초과수요**가 발생한다.

③ 분양가 상한제는 주택건설업체의 수익성을 낮추는 요인으로 작용하여 신규주택의 **공급을 감소**시킬 수 있다.

■ 「**주택법**」 제57조(**주택의 분양가격 제한** 등)

① 사업주체가 일반인에게 **공급**하는 **공동주택** 중 다음 어느 하나에 해당하는 지역에서 공급하는 주택의 경우에는 이 조에서 정하는 기준에 따라 산정되는 분양가격 이하로 공급하여야 한다.
  1. **공공택지**
  2. **공공택지 외의 택지**에서 주택가격 상승 우려가 있어 **주거정책심의위원회의 심의**를 거쳐 지정하는 지역

② 다음 어느 하나에 해당하는 경우에는 **분양가상한제**를 **적용하지 아니한다.**
  1. **도시형생활주택**
  2. 이하 생략

③ **분양가격**은 택지비와 건축비로 구성된다.

■ 「**주택법**」 제64조(**주택의 전매행위 제한** 등)

① **분양가상한제 적용주택**은 10년 이내의 범위에서 대통령령으로 정하는 전매제한기간이 지나기 전에는 그 주택을 **전매**하거나 이의 전매를 알선할 수 **없다.**

02 선분양 제도

의미	• 주택이 완공되기 전에 주택을 분양하는 제도 • 선분양 제도는 주택이 준공되기 전에 분양대금을 유입되게 함으로써 사업자의 초기자금부담을 완화하기 위해서 도입되었다.
효과	• 공급자인 사업자에게 유리한 정책이다. • 공급자의 부실시공 및 품질 저하의 문제가 발생할 수 있다.

제19장 부동산 조세

01 조세 정책의 이해

조세 전가	의미	세금을 타인에게 전가시키는 현상
조세 부담	원칙	보다 비탄력적인 상대방이 보다 많이 부담한다.
	예외	• 공급이 완전 탄력적 : 수요자가 전부 부담 • 공급이 완전 비탄력적 : 공급자가 전부 부담 / 전가 현상은 없다.

① 조세가 부과되면 각 경제주체들은 조세 부담을 다른 경제주체에게 이전시키고자 하는데, 이를 **조세의 전가** 현상이라고 한다.
② 조세 부담은 수요자와 공급자의 가격탄력성의 정도에 의해 결정된다. 일반적으로 **조세 부담**은 **보다 비탄력적**인 상대방이 **보다 많이** 부담한다.

■ 조세의 분류

1. **과세주체** 또는 **과세권자**에 따른 분류 : 국세, 지방세
    ① **국세** : 국가가 부과하고 징수하는 세금
    ② **지방세** : 지방자치단체가 부과하고 징수하는 세금
2. **조세부담**의 **전가 여부**에 따른 분류 : 직접세, 간접세
    ① **직접세** : 납세의무자와 담세자(조세를 부담하는 자)가 일치하는 세금
    ② **간접세** : 납세의무자와 담세자가 일치하지 않는 세금(부가가치세, 개별소비세)
3. **사용 목적**에 따른 분류 : 보통세, 목적세
    ① **보통세** : 일반적인 재정 운영을 위해 부과되는 세금
    ② **목적세** : 특정한 용도에 사용하기 위해 부과되는 세금(교육세, 농어촌특별세)
4. **납세의무자**의 **담세능력** 고려에 따른 분류 : 인세, 물세
    ① **인세** : 납세의무자의 담세능력을 고려하여 부과되는 세금
    ② **물세** : 담세능력과 관계없이 특정 사실이나 행위에 부과되는 세금(재산세, 자동차세)
5. 과세 대상의 **측정 및 계산단위**에 따른 분류 : 종가세, 종량세
    ① **종가세** : 과세 대상을 화폐 단위로 측정하는 세금
    ② **종량세** : 과세 대상을 수량으로 측정하는 세금(휘발유에 과세하는 경우)
6. **독립된 세원**의 유무에 따른 분류 : 독립세, 부가세
    ① **독립세** : 특정 세원에 대해 독립적으로 부과되는 세금
    ② **부가세** : 다른 세금에 추가로 부과되는 세금(교육세, 농어촌특별세)

02 우리나라 부동산 조세

구분	취득 단계	보유 단계	처분 단계
지방세	취득세(등록면허세)	재산세	
국세		종합부동산세	양도소득세

※ 상속세(국세)·증여세(국세) : 취득단계 조세
※ 취득세·등록면허세 : 비례세(누진세 ×)만 존재
※ 재산세·종합부동산세 : 부과·징수 방법
※ 부가가치세(국세)

03 조세 정책의 구체적 내용

(1) 임대주택에 대한 재산세 부과의 효과

> ① **임대주택에 재산세가 부과된 경우** 재산세의 실질적인 부담 정도는 **수요와 공급의 가격 탄력성**에 달려있다.
> ② 임차인의 가격탄력성이 **임대인의 가격탄력성**보다 탄력적이라면, 임대주택에 재산세가 부과되면 재산세는 **임대인이 보다 많이 부담**한다.

(2) 매매주택에 대한 양도소득세 부과의 효과

> ① 주택공급의 **동결효과**란 가격이 오른 주택의 소유자가 **양도소득세를 납부하지 않기 위해서 주택의 처분을 적극적으로 연기**하거나 포기**하는 현상**을 말한다.
> ② 양도소득세 부과로 주택의 **동결효과**가 발생하면, 주택의 공급이 감소하여 **주택의 가격이 상승할 수 있다.**

(3) 토지 단일세 등

> ① **헨리 조지**는 다른 모든 조세를 철폐하더라도 토지세만으로 충분히 국가의 재정을 확보할 수 있다고 하면서 **다른 모든 조세를 철폐**하고 **토지에 대한 재산세만을 단일하게 부과해야 한다**고 주장하였다.

> ② **탈세**는 부정한 방법으로 세금 의무를 면탈하는 **범죄행위**이고, **조세회피**는 세법의 미비점을 활용하여 세금 의무를 피하는 것으로 사회적 비난의 대상은 되지만 **불법은 아니다.**
> ③ 토지의 이용을 특정 방향으로 유도하기 위해서는 토지이용에 따라 **차등 있게 조세를 부과하여야 한다.**

(4) 재산세(지방세법)

일반	보유세 / 지방세(시·군·구) / 보통징수
과세대상	• 토지, 건축물, 주택, 항공기 및 선박 • 토지 : ㉠ 종합합산과세대상, ㉡ 별도합산과세대상, ㉢ 분리과세대상
과세표준	생략
세율	• 초과누진세율 : 종합합산 및 별도합산대상 토지, 일반 주택 • 차등비례세율
과세기준일	매년 6월 1일
징수방법	보통징수의 방법으로 부과·징수

① **과세대상** : 재산세는 토지, 건축물, 주택, 항공기 및 선박을 과세대상으로 한다(제105조).
② **과세대상의 구분** : 토지에 대한 재산세 과세대상은 ㉠ **종합합산**과세대상, ㉡ **별도합산**과세대상 및 ㉢ **분리**과세대상으로 구분한다(제106조).
③ **납세의무자** : 재산세 과세기준일 현재 재산을 **사실상 소유하고 있는 자**는 재산세를 납부할 의무가 있다(제107조).
④ **과세기준일** : 재산세의 과세기준일은 **매년 6월 1일**로 한다(제114조).
⑤ **징수방법** : 재산세는 관할 지방자치단체의 장이 세액을 산정하여 보통징수의 방법으로 **부과·징수**한다(제116조).

(5) 종합부동산세(종합부동산세법)

일반	보유세 / 국세 / 정부부과(원칙) / 전국 합산 / 인별 과세 / 세부담의 상한
과세대상	주택에 대한 종합부동산세 + 토지에 대한 종합부동산세
과세표준	생략
세율	• 초과누진세율 • 차등비례세율 : 법인이 소유한 주택
납부세액	산출세액(=과세표준×세율) ⇨ 납부세액(=산출세액−재산세)
과세기준일	매년 6월 1일
징수방법	부과·징수

① **과세기준일** : 종합부동산세의 과세기준일은 **재산세의 과세기준일**로 한다(제3조).
② **과세구분 및 세액**
  ㉠ 종합부동산세는 **주택에 대한 종합부동산세**와 **토지에 대한 종합부동산세**의 세액을 합한 금액을 그 세액으로 한다(제5조).
  ㉡ 토지에 대한 종합부동산세의 세액은 토지분 **종합합산**세액과 토지분 **별도합산**세액을 합한 금액으로 한다(제5조).

■ 주택에 대한 과세

③ **납세의무자** : 과세기준일 현재 주택분 재산세의 납세의무자는 종합부동산세를 납부할 의무가 있다(제7조).

■ 토지에 대한 과세

④ **과세방법** : 토지에 대한 종합부동산세는 국내에 소재하는 토지에 대하여 **종합합산**과세대상과 **별도합산**과세대상으로 구분하여 과세한다(제11조).
⑤ **납세의무자** : 과세기준일 현재 토지분 재산세의 납세의무자로서 다음 각 호의 어느 하나에 해당하는 자는 해당 토지에 대한 종합부동산세를 납부할 의무가 있다(제12조).
  1. 종합합산과세대상 : 공시가격을 합한 금액이 **5억원**을 초과하는 자
  2. 별도합산과세대상 : 공시가격을 합한 금액이 **80억원**을 초과하는 자

⑥ **부과·징수** : 관할세무서장은 납부하여야 할 종합부동산세의 세액을 결정하여 해당 연도 12월 1일부터 12월 15일까지 **부과·징수**한다(제16조).

제20장 다양한 부동산 정책

01 용도지역제

의미	토지 이용이 토지이용계획에 부합되도록 ㉠ 토지와 건축물의 용도를 규제하고, ㉡ 건축물의 규모를 규제하는 제도
목적	부(−)의 외부효과의 제거 및 감소

02 개발권 양도 제도

의미	개발이 제한된 토지소유자의 손실을 개발권 양도를 통해 보전하는 제도
구조	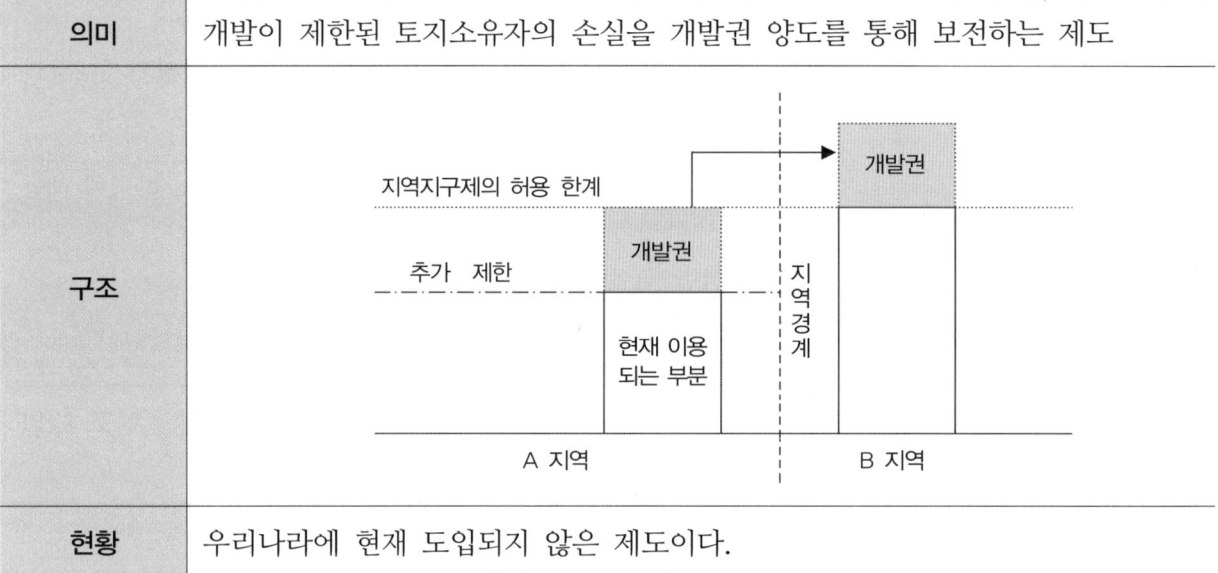
현황	우리나라에 현재 도입되지 않은 제도이다.

① **개발권 양도 제도**는 **토지소유자의** 재산상의 **손실을 보전**하고자 도입된 제도이다.
② 개발권 양도 제도는 규제지역 토지소유자의 손실을 개발지역 토지에 대한 **개발권 부여**를 통해 보전하는 제도이다.
③ **개발권**이란 정부의 규제로 토지소유자가 **이용하지 못하는 부분**을 하나의 권리로 인정한 것이다.

④ **개발권 양도 제도**는 규제지역 토지소유자의 재산상 손실을 **시장을 통하여 해결하려는 제도**이다.
⑤ 개발권 양도 제도는 **공공이 부담해야 하는 비용을 절감**하면서 개발제한구역이나 문화재 보전 등의 **공익목적을 달성할 수 있다**는 장점이 있다.
⑥ **현재 우리나라**는 미국 또는 영국식의 개발권 양도 제도를 **도입하고 있지 않다.**

03 토지 은행 제도(공공토지비축제도)

의미	공익사업에 필요한 토지의 원활한 공급과 토지시장의 안정을 위하여, 장래 이용 가능한 토지를 미리 확보하고 필요한 시기에 이를 공급하는 제도
성격	직접 개입 방식
현황	• 현재 "공공토지비축에 관한 법률"에 근거 • 한국토지주택공사의 계정으로 운영

① **토지 은행 제도**는 공익사업에 필요한 토지를 **미리 쌀 때** 확보함으로써 공공시설, 산업·주택 용지 등을 **저렴하게 공급**할 수 있다.
② 공익사업에 필요한 토지를 사전에 계약 등의 방식으로 확보하기 때문에 토지를 **수용하는 것보다 토지소유자의 권리침해가 적다.**

04 다양한 부동산 정책

(1) 개발이익 환수 제도(「개발이익 환수에 관한 법률」 제2조)

① **개발이익**이란 개발사업의 시행이나 토지이용계획의 변경, 그 밖에 사회적·경제적 요인에 따라 **정상지가 상승분을 초과**하여 사업시행자나 토지소유자에게 귀속되는 **토지 가액의 증가분**을 말한다.
② **개발부담금**이란 **개발이익을 환수**하기 위해 시장·군수·구청장이 **부과·징수**하는 금액을 말한다.

(2) 재건축, 재개발, 주거환경개선사업(「도시 및 주거환경 정비법」 제2조)

① **주거환경개선사업** : 도시저소득 주민이 집단 거주하는 지역으로서 **정비기반시설이 극히 열악**하고 **노후·불량건축물**이 과도하게 밀집한 지역의 주거환경을 개선하거나 단독주택 및 다세대 주택이 밀집한 지역에서 정비기반시설과 공동이용시설 확충을 통하여 주거환경을 보전·정비·개량하기 위한 사업

② **재개발사업** : **정비기반시설**이 **열악**하고 **노후·불량건축물**이 밀집한 지역에서 주거환경을 개선하거나 상업지역·공업지역 등에서 도시기능의 회복 및 상권활성화 등을 위하여 도시환경을 개선하기 위한 사업

③ **재건축사업** : **정비기반시설**은 **양호**하나 **노후·불량건축물**에 해당하는 공동주택이 밀집한 지역에서 주거환경을 개선하기 위한 사업

(3) 재건축초과이익 환수 제도(「재건축초과이익 환수에 관한 법률」 제2조)

① **재건축초과이익**이란 재건축사업 및 소규모재건축사업으로 인하여 **정상주택가격상승분을 초과**하여 조합 또는 조합원에게 귀속되는 **주택가액의 증가분**으로서 이 법에 따라 산정된 금액을 말한다.

② **재건축부담금**이라 함은 재건축초과이익 중 국토교통부장관이 부과·징수하는 금액을 말한다.

(4) 부동산 실거래가 신고 제도 등(「부동산 거래신고 등에 관한 법률」 제3조, 제6조의2)

① **거래당사자**는 부동산의 **매매계약을 체결한 경우** 그 실제 거래가격 등 대통령령으로 정하는 사항을 **거래계약의 체결일부터 30일 이내**에 그 권리의 대상인 부동산 등의 소재지를 관할하는 **시장·군수 또는 구청장**에게 **공동으로 신고하여야 한다.**

② **임대차 계약 당사자**는 주택에 대하여 대통령령으로 정하는 금액(보증금 6천만원 또는 월차임 30만원)을 초과하는 **임대차 계약을 체결한 경우** 그 보증금 또는 차임 등 국토교통부령으로 정하는 사항을 **임대차 계약의 체결일부터 30일 이내**에 주택 소재지를 관할하는 신고관청에 **공동으로 신고하여야 한다.**

(5) 토지거래허가 제도(「부동산 거래신고 등에 관한 법률」 제10조, 제11조)

① **국토교통부장관** 또는 **시·도지사**는 국토의 이용 및 관리에 관한 계획의 원활한 수립과 집행, 합리적인 토지 이용 등을 위하여 **토지의 투기적인 거래가 성행**하거나 **지가(地價)가 급격히 상승하는 지역**과 **그러한 우려가 있는 지역**으로서 대통령령으로 정하는 지역에 대해서는 다음 각 호의 구분에 따라 5년 이내의 기간을 정하여 **토지거래계약에 관한 허가구역**으로 지정할 수 있다.

② 허가구역에 있는 토지에 관한 소유권·지상권을 이전하거나 설정(**대가**를 받고 이전하거나 설정하는 경우만 해당한다)하는 계약(예약을 포함한다)을 체결하려는 당사자는 공동으로 대통령령으로 정하는 바에 따라 **시장·군수 또는 구청장**의 허가를 받아야 한다.

(6) 선매제도(「부동산 거래신고 등에 관한 법률」 제15조)

① **시장·군수 또는 구청장**은 **토지거래계약에 관한 허가신청이 있는 경우** 다음 어느 하나에 해당하는 토지에 대하여 **선매자**를 지정하여 그 토지를 **협의 매수**하게 할 수 있다.
  1. **공익사업용 토지**
  2. 토지거래계약허가를 받아 취득한 토지를 그 **이용목적대로 이용하고 있지 아니한 토지**

② **선매제도**는 개인들의 토지거래가 있는 경우에 정부 등이 **사적거래에 우선**하여 **토지를 매수**하고자 하는 제도이다.

(7) 토지적성평가

① **토지적성평가**는 토지에 대한 **개발**과 **보전**의 경합이 발생했을 때 이를 합리적으로 조정하는 수단이다.
② 토지적성평가에는 **토지의 토양, 입지, 활용가능성** 등의 **내용**이 포함되어야 한다.

(8) 주택도시기금(「주택도시기금법」 제4조, 제9조, 제10조)

① 기금은 **주택계정** 및 **도시계정**으로 구분하여 운용·관리한다.
  1. **주택계정**: 국민주택채권, 청약저축 등으로 자금을 조성하여 국민주택 및 임대주택 건설을 위한 주택사업자와 주택을 구입 또는 임차하고자 하는 개인수요자에게 자금을 지원
  2. **도시계정**: 주택계정으로부터 전·차입한 자금으로 기반시설 설치 및 정비·도시재생사업에 자금을 지원
② 기금은 **국토교통부장관**이 운용·관리한다.

(9) 빈집 및 소규모주택 정비사업(「빈집 및 소규모주택 정비에 관한 특별법」 제2조)

① **빈집정비사업**: 빈집을 개량 또는 철거하거나 효율적으로 관리 또는 활용하기 위한 사업
② **소규모주택정비사업**: 노후·불량건축물의 밀집한 지역 또는 가로구역에서 시행하는 사업
  가. 자율주택정비사업: 단독주택, 다세대주택 및 연립주택을 스스로 개량 또는 건설하기 위한 사업
  나. 가로주택정비사업: 가로구역에서 종전의 가로를 유지하면서 소규모로 주거환경을 개선하기 위한 사업
  다. 소규모재건축사업: 정비기반시설이 양호한 지역에서 소규모로 공동주택을 재건축하기 위한 사업
  라. 소규모재개발사업: 역세권 또는 준공업지역에서 소규모로 주거환경 또는 도시환경을 개선하기 위한 사업

05 현재 우리나라에 없는 제도

① 개발권 양도 제도　　② 택지소유상한제　　③ 토지초과이득세
④ 공한지세　　⑤ 종합토지세

※ **택지소유상한제**: 6대 대도시에 한해 1가구가 200평 이상의 택지를 취득 시 허가를 얻도록 함으로써, 원칙적으로 택지를 초과 소유할 수 없도록 제한한 제도이다. **(폐지)**
※ **토지초과이득세**: 개인의 유휴토지나 법인의 비업무용토지의 가격상승으로 발생하는 초과이득의 일부를 세금으로 환수하는 것을 말한다. **(폐지)**
※ **공한지세**: 토지투기 등을 목적으로 토지를 매입한 후 지가상승만을 노리고 있는 토지에 대해 부과하는 세금의 하나이다. **(폐지)**

제21장 정책론 계산 문제

01 조세부과의 사회적 순손실

01 A지역 주택시장의 시장수요함수와 시장공급함수는 다음과 같다. 정부가 부동산거래세를 수요 측면에 단위당 세액 10만원의 종량세의 형태로 부과하는 경우에 A지역 주택시장 부동산거래세의 초과부담은? (Q_D: 수요량, Q_S: 공급량, P: 가격, 단위는 만호, 만원임) ☆ 제31회

- 시장수요함수: $2Q_D = 200 - P$
- 시장공급함수: $3Q_S = 60 + P$

① 8억원
② 10억원
③ 12억원
④ 20억원
⑤ 24억원

정답 ②

02 A지역 주택시장의 시장수요함수와 시장공급함수는 다음과 같다. 정부가 부동산거래세를 공급측면에 단위당 세액 20만원의 종량세 형태로 부과하는 경우에 A지역 주택시장의 경제적 순손실은? (단, Q_D: 수요량, Q_S: 공급량, P: 가격, 단위는 만호, 만원이며, 다른 조건은 동일함) ☆ 제33회

- 시장수요함수: $Q_D = -2P + 2,400$
- 시장공급함수: $Q_S = 3P - 1,200$

① 60억원
② 120억원
③ 240억원
④ 360억원
⑤ 480억원

정답 ③

PART 05

투자론

Chapter 22 투자의 수익
Chapter 23 투자의 위험
Chapter 24 투자 결정 이론
Chapter 25 위험의 관리
Chapter 26 6계수의 활용과 관계
Chapter 27 투자의 현금흐름 분석
Chapter 28 투자 분석 기법 / 할인법
Chapter 29 투자 분석 기법 / 비할인법
Chapter 30 투자론 계산 문제

PART 05 투자론

제22장 투자의 수익

01 투자

① **투자**란 장래 불확실한 수익을 목적으로 **자금**을 **투입**하는 행위이다.
② **투자**란 장래 불확실한 수익을 목적으로 확실한 현재의 소비를 희생 또는 교환하는 행위이다.

02 성과 측정 지표

수익률	수익률 = $\dfrac{수익}{총투자금액}$ = $\dfrac{순영업소득}{총투자금액}$
지분수익률	지분수익률 = $\dfrac{지분수익}{지분투자금액}$ = $\dfrac{세전(후)\ 현금수지}{지분투자금액}$

① **총투자수익률**이란 **총투자금액**에 대한 **순영업소득**의 비율이다.
② **지분투자수익률**이란 **지분투자금액**에 대한 **세후(세전) 현금수지**의 비율이다.

---

01 다음은 임대주택의 1년간의 현금흐름에 대한 자료이다.

- 총투자액 : 10억원
- 대출금액 : 2억원
- 유효총소득 : 2억원
- 순영업소득 : 1억원
- 부채서비스액 : 연 2,000만원
- 세전현금수지 : 연 8,000만원

① 수익률(=환원율, =순소득률)?
② 지분배당률?

정답 10%, 10%

03 지렛대 효과

의미	타인자본을 이용하여 지분수익률을 변화시키는 효과
구분	• 타인자본을 활용 ⇨ 지분수익률이 증가 : 정(+)의 지렛대 효과 • 타인자본을 활용 ⇨ 지분수익률이 불변 : 중립적 지렛대 효과 • 타인자본을 활용 ⇨ 지분수익률이 감소 : 부(−)의 지렛대 효과

① **지렛대 효과**란 **타인자본을 이용하여 지분수익률을 변화시키고자 하는 효과**이다.
② **전세를 끼고 주택을 투자**하는 것은 지렛대 효과를 누리고자 하는 행동이다.

③ 타인자본을 활용한 경우, 지분수익률이 **상승**한다면, 이는 **정(+)의 지렛대 효과**이다.
④ 타인자본을 활용한 경우, 지분수익률이 **하락**한다면, 이는 **부(−)의 지렛대 효과**이다.
⑤ 타인자본을 활용하더라도 지분수익률에 **변화가 없다면**, 이는 **중립적 지렛대 효과**이다.

정의 지렛대 효과	필수 요건	대출금리(저당수익률)가 낮아야 한다.
	기타	• 저당수익률이 낮다면, 대부비율을 올려야 한다. • 지분수익률이 올라갈수록, 부담해야 할 위험도 증가한다.

① 투자수익률보다 **저당수익률**(대출금리)이 **낮다면**, **정(+)의 지렛대 효과**가 발생한다.
② 투자수익률보다 **지분수익률**이 **높다면**, **정(+)의 지렛대 효과**가 발생한다.
③ 투자수익률보다 **낮은 금리**로 대출이 가능하다면, **부채비율**(대부비율, 차입비율)이 **크면 클수록 지분수익률은 보다 증가한다.**
④ 지렛대 효과를 통해 지분수익률이 증가하면 **부담해야 할 위험도 그만큼 증가한다.**

✓ 주의(질문이 많은 지문)

① 총투자수익률에서 지분투자수익률을 차감하여 정(+)의 수익률이 나오는 경우에는 **부(−)의 지렛대 효과**이다. (총투자수익률 − 지분투자수익률 > 양수(+) 값)
② 부(−)의 레버리지 효과가 발생하는 경우, (**대출금리**를 낮추어서 ○, **부채비율**을 낮추어서 ×) **정(+)의 레버리지 효과로 전환**할 수 있다. (필수 요건이 갖춰지지 않으면 전환되지 않는다)
③ 부채비율이 상승할수록 **레버리지 효과**로 인한 지분투자자의 **수익률 증대** 효과가 있지만, 한편으로는 **차입금리의 상승**으로 지분투자자의 **수익률 감소** 효과도 발생한다.

제23장 투자의 위험

01 위험의 이해

의미		• 투자의 불확실성 • 예상했던 결과와 실제 실현된 결과가 달라질 가능성
종류	의미	위험이 발생하는 원인으로 구분
	내용	• 사업상 위험 : 시장 위험 / 운영 위험 / 위치적 위험 • 금융 위험 • 법적 위험 • 인플레이션 위험 • 유동성 위험
측정		분산, 표준편차
관계		• 위험과 수익은 비례(+) 관계에 있다. • 비례 관계의 다른 표현 : 정(+)의 상관관계, 상충 관계, 상쇄 관계

(1) 위험의 종류(원인)

① 부동산 투자**사업 자체**에서 발생되는 수익성에 관한 위험을 **사업상 위험**이라고 한다.
② **시장의 불확실성**이 주는 투자 수익의 변화가능성을 **시장 위험**이라고 한다.
③ **근로자의 파업, 영업경비의 변동** 등으로 발생하는 투자의 불확실성은 **운영 위험**이다.
④ 외부 환경 변화로 발생되는 **상대적 위치의 변화**로 야기되는 불확실성은 **위치적 위험**이다.

⑤ 정부의 **정책**이나 **법률개정** 등으로 인해 투자수익률이 변화하는 것을 **법적 위험**이라고 한다.
⑥ **부동산을 현금으로 전환하는 과정**에서 발생하는 시장가치의 손실가능성은 **유동성 위험**이다.

(2) 위험의 측정

① 위험은 **분산**이나 **표준편차**로 측정할 수 있다.
② 측정된 분산이나 표준편차가 **클수록 보다 위험한 대안**으로 평가된다.
③ 표준편차가 **클수록**, 투자에 수반되는 위험은 **커진다**.

(3) 위험과 수익의 관계

① 일반적으로 투자의 **위험과 수익은 비례 관계**에 있다.

② 투자자는 **위험**을 감수하지 않으면, 투자의 **수익**도 얻을 수 없다.

③ 투자자는 **보다 높은 수익**을 얻기 위해서는 **보다 많은 위험**을 부담하여야 한다.

④ 투자의 **표준편차**와 기대수익률은 **정(+)의 상관관계**를 가진다.

02 위험에 대한 투자자의 태도

구분	• 위험 회피형(혐오형) : 투자론의 기본 가정 • 위험 중립형 • 위험 선호형(추구형)
위험 회피형의 행동	위험 회피형 투자자는 • 투자의 위험이 예상되면 예상된 위험에 대해 보상(수익)을 요구한다. • 위험을 보다 회피하면 회피할수록 보다 많은 보상(수익)을 요구한다.

① 위험이 예상되는 경우에 **위험 회피형 투자자**는 예상되는 위험에 대해 **보상**을 요구한다.

② 동일한 위험증가에 대해 **위험 회피형 투자자**는 위험 추구형 투자자보다 **더 높은 수익률**을 요구하게 된다.

③ 투자자는 위험을 **보다 회피할수록, 보다 높은 수익률**을 요구한다.

제24장 투자 결정 이론

01 수익률 기준

기대수익률	의미	• 투자 대안으로부터 기대되는 수익률 • 시장 상황으로 결정되는 객관적 수익률
	산정	기대수익률 = Σ(시장상황별 추정수익률 × 시장상황별 확률)
요구수익률	의미	• 투자자가 투자를 하기 위해 요구하는 최소한의 수익률 • 기대수익률의 높고 낮음을 판단하는 기준 • 투자자에 따라 달라지는 주관적 수익률
	산정	요구수익률 = 무위험률 + 위험할증률 • 무위험률 : 시간에 대한 대가, 예금이자율 • 위험할증률 : 위험에 대한 대가
투자 결정		기대수익률 > 요구수익률

① **기대수익률**이란 투자 대안으로부터 기대되는 수익률을 의미한다.
② **기대수익률**은 투자로부터 발생되는 미래 현금유입과 현금유출을 통해 산정된다.

③ **요구수익률**이란 투자자가 자금을 투자하기 위해 요구하는 **최소한의 수익률**을 의미한다.
④ 요구수익률은 **투자자금**의 **기회비용**을 의미한다.
⑤ 요구수익률은 **무위험률**에 **위험할증률**로 구성되어 있다.
⑥ 요구수익률은 **시간에 대한 대가**와 **위험에 대한 대가**로 구성되어 있다.

⑦ 다른 조건이 동일할 때, **무위험률**이 **상승**하면 **요구수익률**은 **상승**하게 된다.
⑧ **시장금리의 상승**은 투자자의 **요구수익률**을 **상승**시키는 요인이다.

⑨ **기대수익률이** 요구수익률보다 **크다면** 투자는 이루어질 것이다.
⑩ **기대수익률**이 요구수익률보다 **큰 경우**, 투자가치가 있다고 판단한다.

⑪ **실현수익률**이란 투자가 이루어지고 난 후에 현실적으로 달성된 수익률을 말한다.

02 평균·분산 지배원리

지배원리	• 수익이 동일하다면, 위험이 낮은 대안을 선택한다. • 위험이 동일하다면, 수익이 높은 대안을 선택한다.
적용	<table><tr><th>부동산</th><th>기대수익의 평균(%)</th><th>표준편차(%)</th></tr><tr><td>A</td><td>10</td><td>10</td></tr><tr><td>B</td><td>10</td><td>13</td></tr><tr><td>C</td><td>12</td><td>15</td></tr><tr><td>D</td><td>16</td><td>15</td></tr></table> ㉠ A와 B : 수익이 동일하다면, 위험이 낮은 A안을 선택한다. ㉡ C와 D : 위험이 동일하다면, 수익이 높은 D안을 선택한다. ㉢ 한계점 : A안과 D안의 우열을 판단할 수 없다.

변동계수 (변이계수)	의미	• 표준편차(위험)를 기대수익률(수익)로 나눈 값 • 수익 1단위를 얻기 위해 부담해야 할 위험의 크기를 의미한다.
	산식	변동계수 = $\dfrac{\text{위험(표준편차)}}{\text{수익(기대수익률)}}$
	내용	• 평균·분산 지배원리가 적용되지 않는 경우, 보조지표로 활용된다. • 변이계수가 작을수록 우월한 대안으로 평가된다.

① 동일한 위험이라면 **보다 높은 수익**을 선택하고, 동일한 수익이라면 **보다 낮은 위험**을 선택하는 투자 원리를 **평균·분산 지배원리**라고 한다.

② **변동계수**는 **표준편차**를 **기대수익률**로 나눈 값으로 수익 1단위를 얻기 위해 감수해야 할 **위험**의 크기를 의미한다.

③ 평균·분산 지배원리가 성립되지 않는 경우, **변동계수**를 활용할 수 있다.

④ 위험회피형 투자자는 **변이계수**(변동계수)가 **작은 투자안**을 **선호**한다.

✓ 주의(질문이 많은 지문)

① A투자안의 **기대수익률**이 요구수익률보다 **높다면**, 투자수요가 증가함으로써 A투자안의 가격이 상승한다. 그 결과 **기대수익률**은 **하락**한다.

② A투자안의 **기대수익률**이 요구수익률보다 **낮다면**, 투자수요가 감소함으로써 A투자안의 가격이 하락한다. 그 결과 **기대수익률**은 **상승**한다.

제25장 위험의 관리

01 위험의 관리

제외시키는 방법	위험한 투자 대안을 제외시키는 방법
보수적 예측 방법	• 수익은 가능한 낮게 예측하고, • 비용은 가능한 높게 예측하는 방법
위험조정할인율법	• 위험한 투자 대안에 대해 보다 높은 할인율을 적용하는 방법 • 위험한 투자 대안에 대해 보다 높은 요구수익률을 적용하는 방법
민감도(감응도) 분석 (낙비쌍관법)	• 원인(투입 요소, 투입값)과 결과의 관계를 분석하는 방법 • 낙관적 또는 비관적 상황의 변화를 통한 분석 • 민감도가 클수록 보다 위험한 대안으로 평가된다.

① **수익은 가능한 낮게 추정**하고 **비용은 가능한 높게 추정**하여 투자의 불확실성을 낮추고자 하는 방법은 **보수적 예측 방법**이다.

② **위험조정할인율법**은 위험한 투자일수록 **보다 높은 할인율(요구수익률)**을 적용하는 방식이다.

③ **민감도 분석**이란 투자수익에 영향을 줄 수 있는 **요소** 등이 개별적 혹은 집단적으로 변화했을 때, **투자의 결과치(수익률 또는 순현가)가 어떻게 변화하는지를 분석하는 방법**이다.

④ 민감도 분석은 주요 변수들의 초기 **투입값**을 변화시켜 적용함으로써 **낙관적** 또는 **비관적**인 상황에서 발생할 수 있는 수익성 등을 예측하는 것이다.

02 포트폴리오 이론(논점 3가지)

01. 모든 위험이 제거되는가?	• 비체계적 위험(자산의 위험) : 제거될 수 있다. • 체계적 위험(시장의 위험) : 제거될 수 없다.

① 분산투자는 모든 위험을 감소시키는 것이 아니라 개별자산으로부터 발생하는 **비체계적 위험**을 **감소**시키거나 **제거**한다.

② 경기변동, 인플레이션, 이자율 변화 등 시장에서 유발되는 위험은 **체계적 위험**이다.

③ 시장상황으로부터 발생되는 **체계적 위험**은 분산투자를 통해서도 **제거될 수 없다.**

02. 자산을 어떻게 조합하는가?	• 서로 다른 자산을 묶는다. • 수익률의 변화 방향이 상반된 자산끼리 묶는다. • 상관계수가 '-1'에 가까운 자산끼리 묶는다.

① 포트폴리오 구성을 통한 위험분산 효과는 **수익률의 상관계수**를 통해 확인할 수 있다.
② 두 자산 사이에서 측정된 **상관계수**는 "-1"과 "+1" 사이의 값을 갖는다.
③ 상관계수는 **두 자산의 수익률 변동이 서로 상반되는 경우**라면 **음수(-)**의 값으로 측정되고, 두 자산의 수익률 변동이 **서로 비례하는 경우**라면 **양수(+)**의 값으로 측정된다.

④ 포트폴리오에 포함된 개별자산 간 **수익률의 상관계수**가 '+1'이라면 분산투자효과는 **없다**.
⑤ 포트폴리오 구성자산들의 수익률분포가 **완전한 음의 상관관계(-1)에 있다면** 비체계적 위험을 0까지 줄일 수 있다.
⑥ 포트폴리오의 위험 분산 효과는 **상관계수가 작은 자산끼리 결합**할 때 **극대화**될 수 있다.
⑦ **수익률 변동이 상반된 추세**를 보일 것으로 예측되는 부동산에 분산 투자하는 것이 좋다.

03. 최적 포트폴리오	• 효율적 전선과 투자자의 무차별곡선이 접하는 지점의 포트폴리오 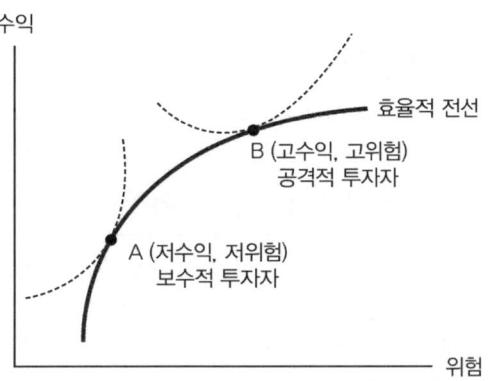 • 효율적 전선 : 평균·분산 지배원리로 선택된 포트폴리오 • 무차별곡선 : 투자자의 투자 성향

① **최적 포트폴리오**는 효율적 전선과 투자자의 **무차별곡선**이 **접하는 부분**에서 결정된다.

② **효율적 전선**을 구성하는 포트폴리오는 **평균·분산 지배원리로 선택된 포트폴리오**로서 동일한 위험에서 **최고의 수익**을 동일한 수익에서 **최소의 위험**을 가진 포트폴리오를 의미한다.
③ **효율적 전선**이 **우상향하는 이유**는 위험과 수익이 비례관계에 있기 때문이다.

제26장 6계수의 활용과 관계

01 6계수

미래가치 계수 (내가 계수)	일시불의 미래가치 계수	$\times (1+r)^n$
	연금의 미래가치 계수	$\times \dfrac{(1+r)^n - 1}{r}$
현재가치 계수 (현가 계수)	일시불의 현재가치 계수	$\div (1+r)^n$, $\times \dfrac{1}{(1+r)^n}$
	연금의 현재가치 계수	$\times \dfrac{(1+r)^n - 1}{r \cdot (1+r)^n}$, $\times \dfrac{1 - (1+r)^{-n}}{r}$
응용 수식	저당상수	$\times \dfrac{r \cdot (1+r)^n}{(1+r)^n - 1}$
	감채기금계수	$\times \dfrac{r}{(1+r)^n - 1}$

02 저당상수와 감채기금계수

저당상수	의미	주택저당대출을 받은 경우, 은행에 매기 상환해야 할 원리금을 구하는 수식
	산식	대출금액 × 저당상수 = 매기 원리금 상환액(원리금균등상환)
	관계	연금의 현재가치 계수 역수 저당상수
감채기금계수	의미	미래 목표금액(기금)을 만들고자 하는 경우, 은행에 매기 적립해야 할 금액을 구하는 수식
	산식	목표금액 × 감채기금계수 = 매기 적립액
	관계	연금의 미래가치 계수 역수 감채기금계수

(1) 6계수의 활용

① 현재 **5억원**인 주택이 매년 5%씩 가격이 상승한다고 가정할 때, **10년 후**의 주택가격은 **일시불의 미래가치 계수**를 사용하여 계산할 수 있다.
② **연금**형태로 매년 예금하는 정기적금을 10년 동안 **적립한 후**에 달성되는 금액은 **연금의 미래가치 계수**를 활용하여 산정한다.

③ 3년 후 **1억원**이 될 것으로 예상되는 토지의 **현재가치**를 계산하기 위해서는 **일시불의 현재가치 계수**를 활용한다.
④ **매월 말 100만원씩** 10년간 들어올 것으로 예상되는 임대료 수입의 **현재가치**를 계산하려면, **연금의 현재가치 계수**를 활용한다.

⑤ 은행으로부터 **원리금균등분할상환 방식**의 주택구입자금을 대출한 가구가 **매기 상환할 원리금**을 산정하는 경우에는 **저당상수**를 사용한다.
⑥ 직장인이 10년 후에 **1억원을 만들기 위해서** 은행에 **매기 적립해야 할 금액**을 산정하기 위해서는 **감채기금계수**를 활용한다.

(2) 6계수의 관계

① **연금의 현재가치** 계수의 **역수**는 **저당상수**이다.
② **연금의 미래가치** 계수와 **감채기금계수**는 **역수** 관계이다.

③ **일시불의 미래가치** 계수는 **일시불의 현재가치** 계수의 **역수**이다.

(3) 수식의 수학적 관계

① **연금**의 현재가치 계수에 일시불의 **미래가치** 계수를 곱하면 **연금의 미래가치** 계수가 된다.
② **연금**의 미래가치 계수에 일시불의 **현재가치** 계수를 곱하면 **연금의 현재가치** 계수가 된다.

③ **연금의 현재가치** 계수에 감채기금계수를 곱하면 **일시불의 현재가치** 계수가 된다.
④ **연금의 미래가치** 계수에 저당상수를 곱하면 **일시불의 미래가치** 계수가 된다.

⑤ **연금의 현재가치** 계수에 **저당상수**를 곱하면 '1'이 된다.
⑥ **대출잔금**을 구하는 경우 **연금의 현재가치** 계수를 활용한다.

제27장 투자의 현금흐름 분석

01 보유기간 현금흐름

가	임대 가능 호수 × 단위당 임대료	= 가능총소득
유	가능 − 공실·불량부채 + 기타 소득	= 유효총소득
순	유효 − 영업경비	= 순영업소득
전	순 − 부채서비스액	= 세전현금수지
후	세전 − 영업소득세	= 세후현금수지

① **유효**총소득은 **가능**총소득에서 **공실** 및 **불량부채**를 공제하고 **기타 소득**을 고려하여 산정한 소득이다.
② **순영업소득**은 유효총소득에서 **영업경비**를 **차감**한 소득이다.
③ **세전**현금흐름은 지분투자자에게 귀속되는 세전소득을 말하는 것으로, **순영업소득**에서 **부채서비스액**(원리금상환액)을 **차감**한 소득이다.

④ 순영업소득과 세전현금수지와 **동일할 수 있다.** (부채서비스액이 없다면)
⑤ 순영업소득과 세전현금수지의 차이는 **부채서비스액**이다.

(1) 영업경비

포함되는 항목	• 유지·수선비, 관리비, 전기·수도·가스요금, 화재보험료 • 임대부동산에 대한 재산세
제외되는 항목	• 공실 및 불량부채, 부채서비스액, 영업소득세, 자본이득세(양도소득세) • 관리인의 개인적 업무비, 감가상각비

① 임대주택에 대한 **재산세**는 영업경비에 포함되나, **소득세**는 영업경비에 포함되지 않는다.
② **관리인의 업무비**는 영업경비에 포함되나, **관리인의 개인적 업무비**는 영업경비에 포함되지 않는다.

(2) 영업소득세 계산 유형

순영업소득 기준	[순영업소득 + 대체충당금 − 이자 비용 − 감가상각비]×세율 = 세액
세전현금수지 기준	[세전현금수지 + 대체충당금 + 원금상환분 − 감가상각비]×세율 = 세액

① 영업소득세를 계산하는 과정에서 **이자비용**과 **감가상각비**는 모두 세금에서 공제된다.
② 주택담보대출에 대한 **이자비용**과 건물의 **감가상각비**는 **절세 효과**가 있다.

02 기간 말 현금흐름

순	매도가격 − 매도경비	= 순매도소득
전	순 − 미상환 저당잔금	= 세전지분복귀액
후	세전 − 양도소득세	= 세후지분복귀액

① 세전지분복귀액은 자산의 순매각금액에서 미상환 저당잔액을 차감하여 **지분투자자의 몫으로 되돌아오는 금액**을 말한다.
② 매각시점에 미상환 대출 잔액이 있다면, **세전 매각현금흐름**은 총 매각대금보다 **작다**.

✅ 현금흐름 분석 요령(지출 항목의 중요성)

	지출 항목		현금흐름
1. 보유기간 현금흐름	영업경비	를 **차감**하면	순영업소득
	부채서비스액	를 **차감**하면	세전현금수지
	영업소득세	를 **차감**하면	세후현금수지
2. 기간 말 현금흐름	매도경비	를 **차감**하면	순매도소득
	미상환 저당잔금	를 **차감**하면	세전지분복귀액
	양도소득세	를 **차감**하면	세후지분복귀액

제28장 투자 분석 기법 / 할인법

01 할인법의 이해

의미	• 수익과 비용을 현재가치로 할인하여 투자를 분석하는 방법 • 화폐의 시간가치를 고려하는 방법 • 투자의 현금흐름을 일정한 할인율(요구수익률)로 할인하는 방법
종류	• 순현가법 • 수익성지수법 • 내부수익률법 • 현가회수기간법 (현가라는 표현이 있으면 할인법이다)

02 할인 방식의 구체적 내용

순현가법	순현가	수익 현가 − 비용 현가 = 순현가
	투자결정	순현가 > 0

수익성지수법	수익성지수	수익 현가 ÷ 비용 현가 = 수익성지수
	투자결정	수익성지수 > 1

내부수익률법	내부수익률	• 순현가를 '0'으로 만드는 할인율 • 수익성지수를 '1'로 만드는 할인율 • 현금유입의 현가와 현금유출의 현가가 일치되는 할인율
	투자결정	내부수익률 > 요구수익률

① **순현가**란 **현금유입**의 **현재가치** 합계에서 **현금유출**의 **현재가치** 합계를 차감한 값이다.
② 순현가법은 **순현재가치**가 **0보다 큰 대안**을 선택하는 방식이다.

③ **수익성지수**란 장래 기대되는 현금유출의 현재가치**에 대한** 현금유입의 현재가치의 **비율**이다.
④ 수익성지수법은 **수익성지수**가 **1보다 큰 대안**을 선택하는 방식이다.

⑤ **내부수익률**은 **순현가**를 0으로 만드는 할인율이다.
⑥ 내부수익률법은 **내부수익률**을 투자자의 **요구수익률**과 **비교**하여 투자를 결정하는 방법이다.
⑦ 내부수익률법은 **내부수익률**이 **요구수익률**보다 **큰 경우**에는 투자가치가 있다고 할 수 있다.

(1) 순현가법과 수익성지수법의 특징

① **순현가** 또는 수익성지수를 산정하기 위해서는 사전에 **할인율(요구수익률)이 결정**되어야 한다.
② **할인율(요구수익률)**이 클수록, **순현가는 작아진다.**
③ 순현가가 0이라면 수익성지수는 1이 된다.
④ 수익성지수가 1보다 크면 순현재가치는 0보다 크다.

(2) 3가지 방식의 비교

구분	순현가	수익성지수	내부수익률
A	4,000만원	2.3	12%
B	1,500만원	2.5	20%
C	3,000만원	3.0	8%

(요구수익률 5%를 가정)

① **하나의 투자대안**에 대한 의사결정에서 순현가법의 결과와 내부수익률법의 결과는 **동일하다.**
② **여러 투자대안** 중 하나를 선택하는 경우에 순현가법과 내부수익률법의 결과는 **달라질 수 있다.**
③ 투자 규모가 상이한 투자안에서 '**수익성지수가 큰** 투자안이 **순현재가치도 크다**'고 할 수 없다.

④ A의 순현가 + B의 순현가 = A, B를 **결합한** 새로운 투자안의 **순현가**
⑤ A의 내부수익률 + B의 내부수익률 ≠ A, B를 **결합한** 새로운 투자안의 **내부수익률**
⑥ 순현가법은 **가치가산의 원리**가 적용된다.

(3) 순현가법의 우월성

① 일반적으로 **순현가법은** 내부수익률법에 비해 **보다 우월한 방법**으로 평가된다.
② 재투자율의 가정, 가치가산의 원리(부의 극대화)의 측면에서 **순현가법이 보다 합리적**이다.
③ **재투자율 가정** : 순현가 – 요구수익률, 내부**수익률법** – 내부수익률
④ **내부수익률 단점 : 존재하지 않거나, 복수가** 산정될 수 있다.

제29장 투자 분석 기법 / 비할인법

01 비할인법의 이해

의미	화폐의 시간가치를 고려하지 않는 방법
종류	• 어림셈법 : 수익률법, 승수법 • 비율분석법

02 수익률과 승수

수익률	• 수익의 크기를 측정하는 지표 • 수익이 투자금액의 몇 %인가?	수익률 = $\dfrac{수익}{투자금액}$
(수익)승수	• 투자금액의 크기를 측정하는 지표 • 투자금액이 수익의 몇 배인가?	승수 = $\dfrac{투자금액}{수익}$

03 다양한 수익률과 승수

다양한 수익률		다양한 승수	
순소득률 (자본환원율)	= $\dfrac{순영업소득}{총투자금액}$	순소득승수 (자본회수기간)	= $\dfrac{총투자금액}{순영업소득}$
세전현금수지율 (지분배당률)	= $\dfrac{세전현금수지}{지분투자금액}$	세전현금수지승수	= $\dfrac{지분투자금액}{세전현금수지}$
세후현금수지율 (세후수익률)	= $\dfrac{세후현금수지}{지분투자금액}$	세후현금수지승수	= $\dfrac{지분투자금액}{세후현금수지}$

① **순소득률**(자본환원율)은 총투자금액에 대한 순영업소득의 비율이다.
② **세전현금수지율**(지분배당률)은 **지분**투자금액에 대한 세전**현금수지**의 비율이다.

③ **순소득승수**란 총투자금액을 유효총소득으로 나눈 값이다.
④ **세후현금흐름승수**는 **지분**투자금액을 세후**현금흐름**으로 나눈 값이다.

⑤ 다른 조건이 동일한 경우, **승수 값**이 크다는 것은 **투자금액**이 크다는 것을 의미한다.

04 비율분석법

부채감당률	=	순영업소득 / 부채서비스액
채무불이행률	=	(영업경비 + 부채서비스액) / 유효총소득
총자산회전률	=	총소득 / 총자산 가격
대부비율	=	대출금액 / 부동산 가격
부채비율	=	부채 / 자기자본

- 부채감당률 > 1 : 감당할 수 있다.
- 부채감당률 < 1 : 감당할 수 없다.

부채비율: 부채의 건전성을 측정하는 지표

① **부채감당률**은 **순영업소득**이 **부채서비스액**을 **감당**할 수 있는지를 나타내는 지표이다.
② **부채감당률**이 **1보다 크다**는 것은 **순영업소득**이 대출의 원리금을 상환하고도 잔여액이 있음을 의미한다.
③ 순영업소득이 **1억**이고 은행에 지급할 원리금 상환액이 **5,000만원**이라면 **부채감당률**은 **2.0**으로 측정된다.

④ **채무불이행률**은 **유효**총소득에 대한 영업경비와 부채서비스액의 합계의 비율이다.
⑤ **총자산회전율**은 투자된 **총자산**에 대한 **총소득**의 비율을 말한다.

⑥ **부채비율**은 **자기자본**에 대한 부채의 비율이다.
⑦ 투자자가 10억원에 해당하는 부동산을 구입하기 위해 대출 8억원을 받았다면, **대부비율**은 80%이고 **부채비율**은 400%가 된다.

⑧ **비율분석법**은 동일한 투자대안이라도 사용하는 지표에 따라 투자결정이 다르게 나타날 수 있다.

05 회계적이익률법, 자본회수기간

① **회계적이익률법**은 투자안의 이익률이 목표이익률보다 높은 투자안 중에서 **이익률**이 **가장 높은 투자안**을 선택한다.
② **회수기간법**은 화폐의 시간가치를 고려하지 않으며, **회수기간**이 가장 **짧은 대안**을 선택한다.
③ 투자안의 **승수 값**이 클수록, 투자자금의 **회수기간**은 길어진다.

제30장 투자론 계산 문제

01 지분수익률

01 부동산 투자에 따른 1년간 자기자본수익률은?

- 투자 부동산 가격 : 3억원
- 금융기관 대출 : 2억원, 자기자본 : 1억원
- 대출조건
  - 대출기간 : 10년
  - 대출이자율 : 연 6%
  - 대출기간 만료 시 이자지급과 원금을 일시상환
- 1년간 순영업이익(NOI) : 2천만원
- 1년간 부동산 가격 상승률 : 0%

① 8%   ② 9%   ③ 10%   ④ 11%   ⑤ 12%

정답 ①

02 부동산 투자 시 ㉠ 타인자본을 활용하지 않는 경우와 ㉡ 타인자본을 50% 활용하는 경우, 각각의 1년간 자기자본수익률은?

- 기간 초 부동산 가격 : 10억원
- 1년간 순영업소득(NOI) : 연 3천만원(기간 말 발생)
- 1년간 부동산 가격 상승률 : 연 2%
- 1년 후 부동산을 처분함
- 대출조건 : 이자율 연 4%, 대출기간 1년, 원리금은 만기 시 일시 상환함

① ㉠ : 3% ㉡ : 6%   ② ㉠ : 3% ㉡ : 8%
③ ㉠ : 5% ㉡ : 6%   ④ ㉠ : 5% ㉡ : 8%
⑤ ㉠ : 7% ㉡ : 8%

정답 ③

02 기대수익률

01 시장상황별 수익률의 예상치가 다음과 같은 경우 기대수익률과 분산은? ☆ 제28회

시장상황	수익률	확률
불황	20%	30%
보통	30%	40%
호황	40%	30%

① 기대수익률 : 20%, 분산 : 0.004
② 기대수익률 : 20%, 분산 : 0.006
③ 기대수익률 : 30%, 분산 : 0.004
④ 기대수익률 : 30%, 분산 : 0.006
⑤ 기대수익률 : 30%, 분산 : 0.04

정답 ④

02 시장상황별 추정수익률의 예상치가 다음과 같은 투자자산의 분산은? ☆ 제27회

시장상황	수익률	확률
호황	20%	0.6
불황	10%	0.4

① 0.0012 ② 0.0014 ③ 0.0024
④ 0.0048 ⑤ 0.0096

정답 ③

03 경제상황별 예상수익률이 다음과 같을 때, 상가 투자안의 변동계수(coefficient of variation)는?
(단, 호황과 불황의 확률은 같음) ☆ 제29회

구분	경제상황별 예상수익률	
	호황	불황
상가	0.1	0.06

① 0.25 ② 0.35 ③ 0.45
④ 0.55 ⑤ 0.65

정답 ①

03 투자의 현금흐름 연습

01 다음은 임대주택의 1년간의 현금흐름에 대한 자료이다. 연간 세후현금흐름은? ☆ 제31회

- 단위 면적당 월 임대료 : 20,000원/m^2
- 임대면적 : 100m^2
- 공실손실상당액 : 임대료의 10%
- 영업경비 : 유효총소득의 30%
- 부채서비스액 : 연 600만원
- 영업소득세 : 세전현금흐름의 20%

① 4,320,000원
② 6,384,000원
③ 7,296,000원
④ 9,120,000원
⑤ 12,120,000원

정답 ③

04 미래가치와 현재가치 연습(기본서 연습문제)

01 원금 10,000원을 예금 이자율 10%로 1년간 예금했을 때, 1년 후에 달성되는 예금 총액, 즉 1년 후 미래가치 FV_1은 얼마인가?

정답 $FV_1 = 10,000 \times (1+0.1)^1 = 11,000$원

02 원금 10,000원을 예금 이자율 10%로 2년간 예금했을 때, 2년 후에 달성되는 예금 총액, 즉 2년 후 미래가치 FV_2는 얼마인가?

정답 $FV_2 = 10,000 \times (1+0.1)^2 = 12,100$원

03 원금 10,000원을 예금 이자율 10%로 5년간 예금했을 때, 5년 후에 달성되는 예금 총액, 즉 5년 후 미래가치 FV_5는 얼마인가?

정답 $FV_5 = 10,000 \times (1+0.1)^5 = 16,105$원

04 원금 10,000원을 예금 이자율 10%로 5년간 예금했을 때, 5년 후에 받을 수 있는 미래가치 FV_5를 복리표를 사용하여 계산하면?

▼ 기간과 이자율 변화에 따른 미래가치요소(FVF)

기간(n)	5%	7%	10%	20%
1	1.0500	1.0700	1.1000	1.2000
2	1.1025	1.1449	1.2100	1.4400
3	1.1576	1.2250	1.3310	1.7280
4	1.2155	1.3108	1.4641	2.0736
5	1.2763	1.4026	**1.6105**	2.4883

정답 $FV_5 = 10,000 \times 1.6105 = 16,105$원

05 4년 후 100만원을 받을 수 있는 투자안의 현재가치 PV는 얼마인가? (단, 기간 중 이자지급은 없으며 할인율은 연 20%이다.)

정답 $PV = 100만원 \div (1+0.2)^4 = 48.23$만원

06 4년 후 100만원을 받을 수 있는 투자안의 현재가치 PV를 현가표를 사용하여 계산하면? (단, 할인율은 20%이다.)

▼ 기간과 이자율 변화에 따른 현재가치요소(PVF)

기간(n)	5%	7%	10%	20%
1	.9524	.9346	.9091	.8333
2	.9070	.8734	.8264	.6944
3	.8638	.8163	.7513	.5787
4	.8227	.7629	.6830	**.4823**
5	.7835	.7130	.6209	.4019

정답 PV = 100만원 × 0.4823 = 48.23만원

07 1년 후에 10,000원, 2년 후에 20,000원, 3년 후에 30,000원을 예금 이자율 10%로 예금했을 때, 5년 후 미래가치 FV_5는 얼마인가?

정답 $FV_5 = 10{,}000 \times (1+0.1)^4 + 20{,}000 \times (1+0.1)^3 + 30{,}000 \times (1+0.1)^2 = 77{,}561$원

08 1년 후에 10,000원, 2년 후에 20,000원, 3년 후에 30,000원을 지급하는 투자안의 현재가치 PV는 얼마인가? (단, 할인율은 5%이다.)

정답 $PV = 10{,}000 \div (1+0.05) + 20{,}000 \div (1+0.05)^2 + 30{,}000 \div (1+0.05)^3 = 53{,}579$원

09 1년 후에 10,000원, 2년 후에 20,000원, 3년 후에 30,000원을 지급하는 투자안의 현재가치 PV를 현가표를 사용하여 계산하면?

▼ 기간과 이자율 변화에 따른 현재가치요소(PVF)

기간(n)	5%	7%	10%	20%
1	**.9524**	.9346	.9091	.8333
2	**.9070**	.8734	.8264	.6944
3	**.8638**	.8163	.7513	.5787
4	.8227	.7629	.6830	.4823
5	.7835	.7130	.6209	.4019

정답 PV = 10,000 × 0.9524 + 20,000 × 0.9070 + 30,000 × 0.8638 = 53,578원

10 매년 말 50만원씩 납입하는 정기적금에 가입했을 때, 5년 후 정기적금의 미래가치 FV_5는 얼마인가? (단, 예금 이자율은 연 10%이다.)

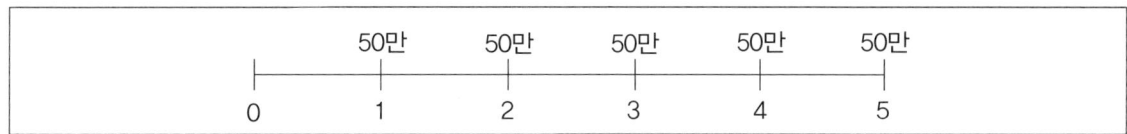

정답 FV_5(연금) = 50만원 × $\frac{(1+0.1)^5 - 1}{0.1}$ = 50만원 × 6.1051 = 305.255만원

11 매년 말 100만원씩 납입하는 정기적금에 가입했을 때, 5년 후에 받을 수 있는 원금과 이자 총액은 얼마인가? (단, 이자율 10%, 기간 5년 연금의 미래가치계수는 6.1051이다.)

정답 FV_5(연금) = 100만원 × 6.1051 = 610.51만원

12 10년 후 주택구입자금 3억원을 만들고자 한다. 10년 후 3억원을 만들기 위해 은행에 매년 적립해야 할 금액(A)은? (단 예금 이자율은 연 10%라고 가정한다.)

> 매년 적립금(A) × 연금의 미래가치계수 = 3억원

정답 A = 3억원 ÷ $\frac{(1+0.1)^{10} - 1}{0.1}$ = 3억원 ÷ 15.9374 ≒ 18,823,000원

13 매년 말에 50만원씩 5년간 받게 되는 투자안의 현재가치 PV는 얼마인가? (단, 할인율은 10%이다.)

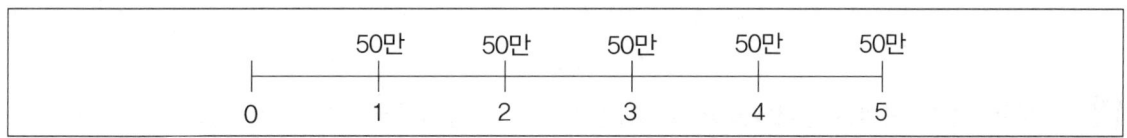

정답 PV(연금) = 50만원 × $\frac{(1+0.1)^5 - 1}{0.1 \times (1+0.1)^5}$ = 50만원 × 3.7908 = 189.54만원

14 매년 말에 80만원씩 5년간 받게 되는 연금을 현재 일시불로 받으려 한다면 얼마를 받을 수 있는가? (단, 할인율 10%, 기간 5년 연금의 현재가치계수는 3.7908이다.)

정답 PV(연금) = 80만원 × 3.7908 = 303.264만원

15 6년도 말부터 5년 동안 매년 100만원을 받는 연금이 있다. 이자율이 연 10%일 때, 이 연금의 현재가치 PV는 얼마인가?

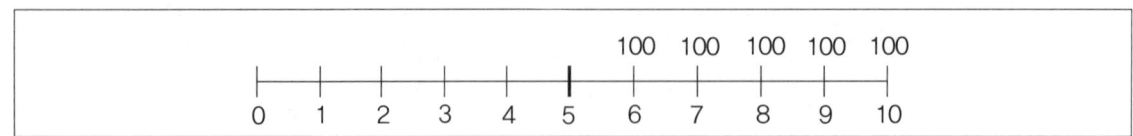

정답 $PV = 100\text{만원} \times \dfrac{(1+0.1)^5 - 1}{0.1 \times (1+0.1)^5} \div 1.1^5 = 379.08\text{만원} \div 1.1^5 \fallingdotseq 235.38\text{만원}$

16 오늘부터 매년 50만원씩 6번을 지급하는 투자안의 현재가치 PV는 얼마인가? (단, 할인율은 10%이다.)

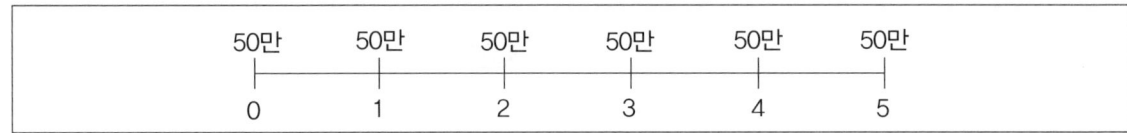

정답 $PV(\text{연금}) = 50\text{만원} + 50\text{만원} \times \dfrac{(1+0.1)^5 - 1}{0.1 \times (1+0.1)^5} = 50\text{만원} + 50\text{만원} \times 3.7908 = 239.54\text{만원}$

17 주택을 구입하기 위해 은행으로부터 2억원을 대출받았다. 은행에 매년 지불해야 할 원리금 상환액 (A)은? (단, 대출금리 5%, 상환기간 10년, 원리금균등분할상환조건의 대출이다.)

원리금 상환액(A) × 연금의 현재가치계수 = 2억원

정답 $A = 2\text{억원} \div \dfrac{(1+0.05)^{10} - 1}{0.05 \times (1+0.05)^{10}} = 2\text{억원} \div 7.7217 \fallingdotseq 25{,}901{,}000\text{원}$

18 매년 500만원의 순현금흐름이 발생하는 토지가 있다. 이 토지의 가치는 얼마인가? (단, 할인율은 연 10%이다.)

정답 $PV(\text{영구연금}) = 500\text{만원} \div 0.1 = 5{,}000\text{만원}$

19 첫해 연말 500만원의 순현금흐름이 발생하는 토지가 있다. 매년 순현금흐름이 3%씩 증가한다면 토지의 가치는 얼마인가? (단, 할인율은 연 10%이다.)

정답 $PV(\text{영구연금}) = 500\text{만원} \div (0.1 - 0.03) \fallingdotseq 7{,}142\text{만원}$

05 투자분석기법(할인법)

01 임대인 A와 임차인 B는 임대차 계약을 체결하려고 한다. 향후 3년간 순영업소득의 현재가치 합계는?
(단, 모든 현금유출입은 매 기간 말에 발생함)

- 연간 임대료는 1년차 5,000만원에서 매년 200만원씩 증가
- 연간 영업경비는 1년차 2,000만원에서 매년 100만원씩 증가
- 1년 후 일시불의 현가계수 0.95
- 2년 후 일시불의 현가계수 0.90
- 3년 후 일시불의 현가계수 0.85

① 8,100만원 ② 8,360만원 ③ 8,620만원
④ 9,000만원 ⑤ 9,300만원

정답 ②

02 다음은 부동산 투자의 예상 현금흐름표이다. 이 투자안의 수익성지수(PI)는? (단, 현금 유출은 기초, 현금 유입은 기말로 가정하고, 0년차 현금흐름은 현금 유출이며, 1년차부터 3년차까지의 현금흐름은 연 단위의 현금 유입만 발생함. 할인율은 연 10%이고, 주어진 조건에 한함) ★ 제27회

(단위: 만원)

사업기간	0년	1년	2년	3년
현금흐름	2,000	550	1,210	1,331

① 1.15 ② 1.25 ③ 1.35
④ 1.40 ⑤ 1.45

정답 ②

03 사업기간 초에 3억원을 투자하여 다음과 같은 현금 유입의 현재 가치가 발생하는 투자사업이 있다. 이 경우 보간법으로 산출한 내부수익률은? ☆ 제32회

현금 유입의 현재 가치	(단위: 천원)
할인율 5%인 경우	할인율 6%인 경우
303,465	295,765

① 5.42%　② 5.43%　③ 5.44%
④ 5.45%　⑤ 5.46%

정답 ④

04 다음 표와 같은 투자사업(A~C)이 있다. 모두 사업기간이 1년이며, 사업 초기(1월 1일)에 현금지출만 발생하고 사업 말기(12월 31일)에는 현금유입만 발생한다고 한다. 할인율이 연 5%라고 할 때 다음 중 옳은 것은?

투자사업	초기 현금지출	말기 현금유입
A	3,800만원	6,825만원
B	1,250만원	2,940만원
C	1,800만원	4,725만원

① 수익성지수(PI)가 가장 큰 사업은 A이다.
② 순현재가치(NPV)가 가장 큰 사업은 B이다.
③ 수익성지수가 가장 작은 사업은 C이다.
④ A의 순현재가치는 B의 순현재가치의 2.5배이다.
⑤ A와 C의 순현재가치는 같다.

정답 ⑤

06 투자분석기법(비할인법)

01 다음의 자료를 통해 산정한 값으로 틀린 것은?

- 총투자액 : 10억원
- 지분투자액 : 6억원
- 세전현금수지 : 6,000만원/년
- 부채서비스액 : 4,000만원/년
- (유효)총소득승수 : 5

① (유효)총소득 : 2억원/년
② 순소득승수 : 10
③ 세전현금수지승수 : 10
④ (종합)자본환원율 : 8%
⑤ 부채감당률 : 2.5

정답 ④

02 비율분석법을 이용하여 산출한 것으로 틀린 것은? (단, 연간 기준임)

- 주택담보대출액 : 1억원
- 주택담보대출의 연간 원리금상환액 : 500만원
- 부동산가치 : 2억원
- 차입자의 연소득 : 1,250만원
- 가능총소득 : 2,000만원
- 공실손실상당액 및 대손충당금 : 가능총소득의 25%
- 영업경비 : 가능총소득의 50%

① 담보인정비율(LTV) = 0.5
② 부채감당률(DCR) = 1.0
③ 총부채상환비율(DTI) = 0.4
④ 채무불이행률(DR) = 1.0
⑤ 영업경비비율(OER, 유효총소득 기준) = 0.8

정답 ⑤

03 다음 자료는 A부동산의 1년간 운영수지이다. A부동산의 세후현금흐름승수는?

- 총투자액 : 50,000만원
- 지분투자액 : 36,000만원
- 가능총소득(PGI) : 6,000만원
- 공실률 : 15%
- 재산세 : 500만원
- 원리금상환액 : 600만원
- 영업소득세 : 400만원

① 8 　　　② 10 　　　③ 12
④ 15 　　　⑤ 20

정답 ②

04 다음 부동산 투자안에 관한 단순회수기간법의 회수기간은?

기간	1기	2기	3기	4기	5기
초기 투자액 1억원(유출)					
순현금흐름	3,000만원	2,000만원	2,000만원	6,000만원	1,000만원

※ 기간은 연간 기준이며, 회수기간은 월단위로 계산함
※ 초기 투자액은 최초 시점에 전액 투입하고, 이후 각 기간 내 현금흐름은 매월 말 균등하게 발생

정답 3년 6개월

PART 06

금융론

Chapter 31 부동산 금융의 분류
Chapter 32 부동산 금융의 위험
Chapter 33 대출금액, 대출금리, 저당잔금
Chapter 34 대출의 상환 방식
Chapter 35 주택저당채권 유동화
Chapter 36 부동산투자회사
Chapter 37 프로젝트 대출(PF), 주택연금
Chapter 38 금융론 계산 문제

PART 06 금융론

제31장 부동산 금융의 분류

01 부채금융과 지분금융

부채금융	의미	돈을 빌리는 방식
	종류	• 채권 및 사채 발행 • 저당금융(대출), 신탁증서금융(대출), 프로젝트 금융(대출) • 각종 유동화 증권 : ABS, MBS, CMBS, ABCP
지분금융	의미	돈을 투자받는 방식
	종류	• 주식의 발행 / 공모를 통한 증자, 보통주 • 신디케이션, 조인트 벤처, 부동산투자회사
메자닌금융	의미	부채금융과 지분금융의 중간적 성격을 갖는 금융
	종류	• 신주인수권부사채, (주식)전환사채 • 후순위 채권, 상환우선주, 교환사채

02 주택소비금융과 주택개발금융

주택소비금융	의미	주택 구입과 개량에 필요한 자금을 주택소비자에게 대출하는 행위
	유형	주택담보대출(주택저당대출)
주택개발금융	의미	주택 건설에 필요한 자금을 건설업자에게 대출하는 행위
	유형	건축대부

① **주택 금융**은 주택 수요자에게 자금을 융자해 줌으로써 **주택 구매력을 높여준다.**

② **주택소비금융**은 주택을 구입하려는 사람이 **부동산을 담보로 제공**하고, 자금을 제공받는 형태의 금융을 말한다.

③ 주택자금 융자는 주로 **장기융자** 형태이므로, **대출기관의 유동성 제약**이 발생할 우려가 있어 **주택저당채권의 유동화 필요성**이 있다.

03 주택자금 대출시장과 주택자금 공급시장

주택자금 대출시장	의미	은행이 주택구입에 필요한 자금을 차입자에게 대출해주는 시장
	특징	• 차입자와 은행 등 대출기관으로 구성된 시장 • 1차 저당시장
주택자금 공급시장	의미	은행 등 금융기관에 대출에 필요한 자금을 공급해주는 시장
	특징	• 은행 등 대출기관과 자금을 공급하고자 하는 투자자로 구성된 시장 • 2차 저당시장, 유동화 시장

제32장 부동산 금융의 위험

01 이자율 위험과 인플레이션 위험

이자율 위험	의미	은행이 고정금리 상품을 판매한 경우, 시장금리가 상승하면 은행의 수익성이 악화된다.
	대책	변동금리 상품
인플레이션 위험	의미	은행이 고정금리 상품을 판매한 경우, 시장의 인플레이션이 예상되면 은행은 불리해진다.
	대책	변동금리 상품

① **대출금리가 고정된 상태**에서 **시장이자율**이 **상승하면** 대출기관의 수익성이 악화된다.
② **대출기관**은 이자율변동에 따른 **위험**을 회피하기 위해 **변동금리 상품을 판매한다**.
③ **은행**은 인플레이션 **위험**을 차입자에게 전가시키기 위해서 **변동금리 상품을 선호한다**.

02 조기상환 위험과 채무불이행 위험

조기상환 위험	의미	차입자의 조기상환이 발생하면 은행은 불확실해진다.
	조기상환	차입자의 조기상환은 시장금리가 하락할 때 나타나는 현상이다.
	대책	조기상환 수수료 또는 조기상환 벌금을 부과
채무불이행 위험	의미	차입자의 채무불이행이 발생하면 은행은 불리해진다.
	대책	• 대부비율(LTV), 부채상환비율(DTI) 등의 하향 조정 • 부채감당률이 1보다 큰 사업에 대출

① **대출금리가 고정된 상태**에서 **시장이자율**이 약정이자율보다 **낮아지면** 차입자는 **조기상환**을 고려한다.
② **시장이자율 하락** 시 고정금리대출을 실행한 대출기관은 차입자의 **조기상환**으로 인한 위험이 커진다.

③ 은행은 대출의 위험을 낮추기 위해 LTV(대부비율)·DTI(총부채상환비율)을 **하향** 조정한다.
④ 은행은 대출의 위험을 낮추기 위해 **부채감당률이 1 이상**인 투자안에 대출하고자 한다.

제33장 대출금액, 대출금리, 저당잔금

01 대출금액을 결정하는 기준

LTV	의미	• 대부비율(LTV ; Loan To Value, 저당비율, 융자비율, 담보인정비율) • 부동산 가격에서 대출금액이 차지하는 비율 • 차입자가 제공한 담보물의 가치를 기준으로 대출금액을 결정
	수식	$LTV = \dfrac{\text{대출금액}}{\text{부동산 가격}}$
DTI	의미	• 총부채상환비율(DTI ; Debt To Income) • 차입자의 연소득에서 주택담보대출의 원리금이 차지하는 비율 • 차입자의 소득을 기준으로 대출금액의 적정성을 판단하는 기준
	수식	$DTI = \dfrac{\text{주택담보대출의 원리금 상환액}}{\text{차입자의 연소득}}$
DSR	의미	• 총부채원리금상환비율(DSR ; Debt Service Ratio) • 차입자의 연소득에서 모든 대출의 원리금이 차지하는 비율
	수식	$DSR = \dfrac{\text{모든 대출의 원리금 상환액}}{\text{차입자의 연소득}}$
부채감당률	의미	순영업소득이 부채서비스액을 감당할 수 있는지를 측정하는 지표
	수식	$\text{부채감당률} = \dfrac{\text{순영업소득}}{\text{부채서비스액(원리금 상환액)}}$

① **대부비율**(LTV)은 차입자가 제공한 **담보물의 가치**를 **기준**으로 대출을 평가하는 기준이다.
② **총부채상환비율**(DTI)은 차입자의 **소득**을 **기준**으로 대출금액의 적정성을 판단하는 기준이다.

③ LTV, DTI가 **올라갈수록** 대출금액은 **증가**한다.
④ 부동산경기가 너무 과열되면 정부는 LTV와 DTI를 **하향조정**함으로써 경기를 조정한다.

02 대출금리

(1) 고정금리

고정금리 상품	의미	상환기간 동안 대출금리가 고정되는 상품
	특징	대출금액, 상환기간 등의 조건이 동일하다면, 고정금리 상품의 대출금리가 변동금리 상품의 대출금리보다 높다.

(2) 변동금리

변동금리 상품	의미	특정 지표에 대출금리가 변동되는 상품
	구조	대출금리 = 기준 금리(지표) + 가산 금리
	내용	• 기준 금리 : CD유통수익률 • 기준 지표 : 코픽스(COFIX; Cost Of Fund Index, 자금조달비용지수) • 가산 금리 : 차입자의 신용도 등 대출의 위험에 따라 가산되는 금리

① **변동금리** 상품의 대출금리는 **기준 금리**(또는 **기준 지표**)와 **가산 금리**로 구성되어 있다.

② 현재 우리나라는 **기준 금리**로 **CD유통수익률**을 활용하고, **기준 지표**로 **COFIX**(자금조달비용지수)를 활용한다.

③ **가산 금리**는 차입자의 신용도, 담보 유무 등으로 판단된 **대출 위험에 따라 기준 금리에 가산**되는 금리이다.

④ 변동금리방식을 적용함에 있어서 **이자율 조정주기를 짧게 할수록** 대출자인 은행의 위험은 차입자에게 보다 빠르게 전가된다.

⑤ 변동금리대출의 경우, 시장이자율 상승 시 **이자율 조정주기가 짧을수록 대출기관**에게 **유리**하다.

⑥ 향후 **시장이자율이 하락**할 것으로 예상되면, 차입자는 **변동금리**방식을 선호한다.

03 저당잔금

(1) 저당잔금

의미	특정 시점에서 상환되지 않고 남아있는 대출 원금
저당잔금	• 미상환 원리금을 현재가치로 환산하고, 이를 합산하여 산정할 수 있다. • t시점의 저당잔금 　　저당잔금 = 원리금 상환액 × 연금의 현재가치계수(r%, N-t) 　　　　　　(r%: 대출금리, N: 대출기간, N-t: 잔여기간)

(2) 잔금비율

의미	대출총액(A)에서 저당잔금(B)이 차지하는 비율
잔금비율 (=B/A)	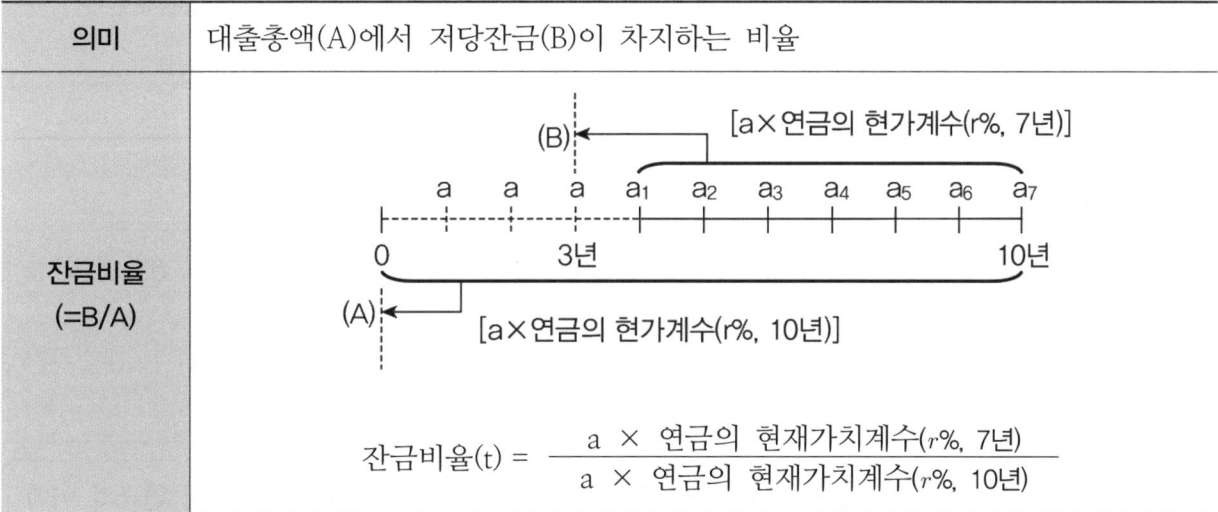 $$\text{잔금비율}(t) = \frac{a \times \text{연금의 현재가치계수}(r\%,\ 7년)}{a \times \text{연금의 현재가치계수}(r\%,\ 10년)}$$

① **잔금비율**이란 대출총액에서 **미상환된 저당원금(잔금)**이 차지하는 비율이다.
② **잔금비율**은 **연금의 현재가치계수**를 통해 구할 수 있다.
③ **상환비율**과 **잔금비율**을 합하면 1이 된다. (**상환**비율 + **잔금**비율 = 1)

제34장 대출의 상환 방식

01 원리금 균등 상환 방식

공통주제	• 대출금액: 1억원 / 대출금리: 10% / 상환기간: 10년 • 저당상수 : 0.163

(1) 상환 흐름의 이해

구분	1기	2기	3기	…	…
1. 원금+이자 주1)	1,630만원	1,630만원	1,630만원		
2. 이자	1,000만원	(증가, **감소**)	(증가, **감소**)	(증가, **감소**)	
3. 원금	630만원	(**증가**, 감소)	(**증가**, 감소)	(**증가**, 감소)	

주1) 원금 + 이자(저당지불액) : 대출금액(1억원) × 저당상수(0.163) = 1,630만원

① 매기 상환하는 원금과 이자 합계, 즉 **저당지불액**이 동일하도록 상환하는 방식은 **원리금 균등 상환 방식**이다.
② 차입자의 소득에 변동이 없는 경우, **원리금 균등 상환 방식**의 **총부채상환비율(DTI)**은 대출기간 동안 일정하게 유지된다.

③ 원리금 균등 상환 방식은 매기 지급하는 원리금상환액은 동일하지만, **원리금** 중에서 **원금과 이자가 차지하는 비중**은 **상환시기에 따라 달라진다**.
④ 원리금 균등 상환 방식은 매기 **이자가 감소**하는 만큼 **원금 상환액**이 **증가**한다.

(2) 상환 흐름의 계산

구분	1기	2기	3기	…	…
1. 원금+이자 주1)	1,630만원	1,630만원	1,630만원		
2. 이자	1,000만원	937만원	867.7만원		
3. 원금 주2)	630만원	693만원	762.3만원		

주1) 원금 + 이자(저당지불액) : 대출금액(1억원) × 저당상수(0.163) = 1,630만원
주2) 원금 상환액은 2기부터 전기의 10%씩 증가한다.

02 원금 균등 상환 방식

공통주제	• 대출금액 : 1억원 / 대출금리 : 10% / 상환기간 : 10년 • 저당상수 : 0.163

(1) 상환 흐름의 이해

구분	1기	2기	3기	…	…
1. 원금 주1)	1,000만원	1,000만원	1,000만원		
2. 이자	1,000만원	(증가, **감소**)	(증가, **감소**)	(증가, **감소**)	
3. 원금 + 이자	2,000만원	(증가, **감소**)	(증가, **감소**)	(증가, **감소**)	

주1) 원금 : 대출금액(1억원) ÷ 10년 = 1,000만원

① 매기 상환하는 원금이 균등하도록 상환하는 방식은 **원금 균등 상환 방식**이다.

② 원금 균등 상환 방식의 경우 매기에 상환하는 **원리금은 일정하게 감소**한다.
③ 차입자의 소득에 변동이 없는 경우, 원금 균등 상환 방식의 **총부채상환비율(DTI)**은 만기에 가까워질수록 **낮아진다.**

④ 원금 균등 상환 방식의 **대출 잔액**은 상환기간이 경과할수록 **매기 일정금액이 감소**한다.

(2) 상환 흐름의 계산

구분	1기	2기	3기	…	…
1. 원금 주1)	1,000만원	1,000만원	1,000만원		
2. 이자 주2)	1,000만원	900만원	800만원		
3. 원금 + 이자	2,000만원	1,900만원	1,800만원		

주1) 원금 : 대출금액(1억원) ÷ 10년 = 1,000만원
주2) 이자 지급액은 2기부터 매년 100만원(= 1,000만원 × 10%)씩 감소한다.

03 체증식 상환 방식

① 원금과 이자의 합계가 점점 증가하도록 상환하는 방식은 **체증식 상환 방식**이다.

② **체증식 상환** 방식은 **미래 소득이 증가**할 것으로 기대되는 **젊은 계층**에 유리한 방식이다.
③ **체증식(점증식) 상환** 방식은 **부(負)의 상환**이 발생할 수 있다.

04 상환방식의 비교

(1) 상환방식의 특징

구분	비교 내용
원금 균등 상환 방식	원금(빚)을 빠르게 상환하는 방식 / 이자 부담은 적다.
원리금 균등 상환 방식	기준
체증식 상환 방식	원금(빚)을 천천히 상환하는 방식 / 이자 부담은 많다.
만기 일시 상환 방식	

(2) 기간별 비교

구분	비교 내용
기초 원금상환액	원금 균등 > 원리금 균등 > 점증 상환
기초 저당지불액	원금 균등 > 원리금 균등 > 점증 상환
기초 저당 잔금	점증 상환 > 원리금 균등 > 원금 균등

(3) 상환기간 전체 비교

구분	비교 내용
상환기간 전체 누적 이자	점증 상환 > 원리금 균등 > 원금 균등
상환기간 전체 누적 원리금	점증 상환 > 원리금 균등 > 원금 균등
상환기간 전체 누적 원금	부(負)의 상환이 없다면, 모든 방식이 동일
듀레이션(가중평균상환기간)	빠르게 상환하는 방식일수록 보다 짧다.

(4) 원금 균등 상환 방식은 "빚을 빠르게 갚고자 고안된 방식"이다.

① 상환 **초기**에 은행에 상환하는 **원금의 크기** : **가장 많다.**
② 상환 **초기**에 은행에 지불하는 **원리금(DTI)의 크기** : **가장 많다.**
③ 상환 **초기**에 중도 상환할 경우 **대출 잔금의 크기** : 가장 적다.

④ 상환 **기간 전체**에 지급한 **총누적이자액** : 가장 적다.
⑤ 상환 **기간 전체**에 상환한 **총누적원리금** : 가장 적다.
⑥ **듀레이션**(가중평균 회수기간) : 가장 짧다.

(5) 상환 방식의 비교

① 초기의 **불입액**은 **원금 균등** 분할 상환 방식이 원리금 균등 분할 상환 방식보다 **많다**.
② 초기 **저당지불액**은 **원리금 균등** 분할 상환 방식이 원금 균등 분할 상환 방식보다 **적다**.
③ 대출기간 초기에는 **중도상환** 시 차입자가 상환해야 하는 **저당잔금**은 **원리금 균등** 분할 상환 방식이 원금 균등 분할 상환 방식보다 **많다**.

④ **원리금 균등** 분할 상환 방식은 원금 균등 분할 상환 방식에 비해 상환기간 **전체의 누적이자액**이 **보다 많은** 방식이다.
⑤ 대출 조건이 동일하다면 대출기간 동안 차입자의 **총원리금 상환액**은 **원금 균등** 상환 방식이 원리금 균등 상환 방식보다 **적다**.

⑥ 대출채권의 **듀레이션**(가중평균 회수기간)은 **원금 균등** 상환 방식이 만기 일시 상환 대출보다 **짧다**.
⑦ **원금 균등** 상환 방식의 경우, 원리금 균등 상환 방식보다 대출금의 **가중평균상환기간**(duration)이 더 **짧다**.

제35장 주택저당채권 유동화

01 유동화 제도의 이해

주택저당채권 유동화	의미	은행이 주택저당채권을 매각하여 새로운 자금을 도입하고자 하는 제도
	목적	은행의 유동성 증가
	특징	유동화는 자산을 쉽게 매각하기 위하여 자산을 증권으로 변화시킨다.
	구조	1차 저당시장 / 2차 저당시장 자금의 수요자 ⇄(주택저당채권/돈) 대출기관 ⇄(돈) 유동화 중개기관(한국주택금융공사) ⇄(주택저당증권/돈) 투자자 (저당채권 유동화는 자금의 원활한 회전을 유도한다.)

① 주택저당증권(MBS)이 도입되면, **대출기관의 자금이 풍부**해져 궁극적으로 주택자금대출이 확대될 수 있다.

② **주택저당채권**이란 은행의 대출채권 중 주택담보대출과 관련된 채권이다.

③ **주택저당증권**(MBS)이란 주택저당채권(mortgage) 유동화를 위해 유동화 중개기관이 주택저당채권(M)을 기초로(B) 발행하는 새로운 형태의 증권(S)이다.

④ 우리나라의 모기지 유동화 중개기관(유동화기관)으로 **한국주택금융공사**가 있다.

02 주택저당증권의 비교

구분	MPTS	MBB	MPTB / CMO
성격	(지분형)	(채권형)	(혼합형)
소유권 (채무불이행위험)	투자자	발행자	발행자
원리금 수취권	투자자	발행자	투자자
조기상환위험	투자자	발행자	투자자

✓ **주의**

한국주택금융공사 = 발행자 = 유동화(중개)기관

(1) MPTS(mortgage pass through securities)의 특성

① MPTS는 **지분형** 주택저당증권이다.
② MPTS의 경우 주택저당채권의 관련 위험이 모두 **투자자**에게 **이전된다**.
③ MPTS의 **투자자**는 주택저당채권 풀(pool)에 대한 원리금 수취권을 **갖는다**.
④ MPTS의 경우 발행된 증권은 **유동화기관**의 부채로 표시되지 **않는다**.

⑤ MPTS의 경우 **증권의 수익**은 기초자산인 **주택저당채권**집합물**의 현금흐름에 의존한다**.
⑥ MPTS의 경우 **차입자**가 금융기관에 지불하는 **저당지불액**이 증권 발행자를 통하여 **투자자**에게 **그대로 전달**되는 형태이다.

(2) MBB(mortgage backed bonds)의 특성

① MBB는 **채권형** 주택저당증권이다.
② MBB의 경우 주택저당채권의 관련 위험은 모두 **발행자가 보유한다**.
③ MBB의 경우 주택저당채권 풀(pool)에 대한 원리금 수취권은 **발행자가 보유한다**.
④ MBB의 **투자자**는 주택저당대출의 채무불이행위험과 조기상환위험을 **부담하지 않는다**.

⑤ MBB의 **발행자**는 초과담보를 **제공**하는 것이 일반적이다.
⑥ MBB의 경우 주택저당대출차입자의 채무불이행이 발생하더라도 **발행자**는 MBB에 대한 원리금을 투자자에게 **지급하여야 한다**.
⑦ 투자자의 입장에서 MBB의 **현금흐름**은 MPTS의 현금흐름에 비해 **보다 안정적**이다.

(3) MPTB(mortgage pay through bonds), CMO(collateralized mortgage obligation)의 특성

① **MPTB**는 이체증권(MPTS)과 주택저당담보부채권(MBB)을 **혼합한 성격**의 증권이다.
② MPTB의 **발행자**는 최초의 주택저당채권 집합물에 대한 **소유권을 갖는다**.
③ MPTB의 **투자자**는 최초의 주택저당채권 집합물에 대한 **원리금 수취권을 갖는다**.

④ **다계층저당증권**(CMO)은 주택저당채권의 현금흐름을 **다양한 형태**의 채권에 재분배한 형태이다.
⑤ CMO의 발행자는 일정한 가공을 통해 위험-수익 구조가 **다양한 트렌치**의 증권을 발행한다.

제36장 부동산투자회사

01 부동산투자회사(REITs ; 리츠)

의미		부동산투자회사란 자산을 부동산에 투자하여 운용하는 것을 주된 목적으로 설립된 회사를 말한다.
회사의 구분	실질형	• 자기관리 부동산투자회사
	명목형	• 위탁관리 부동산투자회사 • 기업구조조정 부동산투자회사
자산관리회사	의미	자산관리회사란 위탁관리 부동산투자회사 또는 기업구조조정 부동산투자회사의 위탁을 받아 자산의 투자·운용 업무를 수행하는 것을 목적으로 설립된 회사이다.
	구성	자기자본 70억 / 전문인력 5명

02 부동산투자회사법

회사의 설립		주식회사
	5억 이상	자기관리 부동산투자회사 설립자본금
	3억 이상	위탁관리·기업구조조정 부동산투자회사 설립자본금
		현물출자에 의한 설립은 할 수 없다.
영업의 인가		국토교통부장관의 인가를 받아야 한다(원칙).
자본의 모집	70억 이상	자기관리 부동산투자회사 (최저)자본금
	50억 이상	위탁관리·기업구조조정 부동산투자회사 (최저)자본금
	30% 이상	주식 총수의 30% 이상을 일반 투자자에게 제공하여야 한다.
	50% 이상	주주 1인이 주식 총수의 50%를 초과하여 소유할 수 없다.
자산의 구성	80% 이상	부동산, 부동산 관련 증권, 현금으로 구성하여야 한다.
	70% 이상	부동산(건축 중인 건축물 포함)으로 구성하여야 한다.
수익의 배당	90% 이상	이익배당 한도의 90% 이상을 주주에게 배당하여야 한다.

(1) 부동산투자회사

① **위탁관리** 부동산투자회사, **기업구조조정** 부동산투자회사는 **명목형** 회사이다.
② **위탁관리** 부동산투자회사는 본점 외의 **지점을 설치할 수 없으며** 직원을 고용하거나 **상근임원을 둘 수 없다.**
③ **위탁관리** 부동산투자회사는 자산의 투자·운용을 **자산관리회사**에 **위탁**하여야 한다.

(2) 회사의 설립

① 부동산투자회사는 **주식회사**로 한다.
② 부동산투자회사는 **발기설립의 방법**으로 하여야 한다.
③ 부동산투자회사는 **현물출자**에 의한 설립을 할 수 **없다.**

④ **설립자본금**
  1. **자기관리** 부동산투자회사의 **설립자본금** : **5억원** 이상
  2. **위탁관리** 및 **기업구조조정** 부동산투자회사의 **설립자본금** : **3억원** 이상

⑤ **자기관리** 부동산투자회사는 그 설립등기일부터 10일 이내에 **설립보고서**를 작성하여 국토교통부장관에게 제출하여야 한다.

(3) 영업의 인가 등

① 부동산투자회사가 업무를 하려면 부동산투자회사의 종류별로 대통령령으로 정하는 바에 따라 **국토교통부장관**의 **인가**를 받아야 한다.
② 일정 요건을 갖춘 **위탁관리** 부동산투자회사 및 **기업구조조정** 부동산투자회사가 업무를 하려면 대통령령으로 정하는 바에 따라 **국토교통부장관**에게 **등록**하여야 한다.

(4) 자본의 모집

① **최저자본금**(인가를 받거나 등록을 한 날부터 6개월이 지난 부동산투자회사의 자본금)
  1. **자기관리** 부동산투자회사 : **70억원** 이상
  2. **위탁관리** 및 **기업구조조정** 부동산투자회사 : **50억원** 이상

② 부동산투자회사는 영업인가를 받고 **최저자본금 이상**을 갖추기 전에는 **현물출자**를 받는 방식으로 신주를 발행할 수 **없다.**

③ **주식의 공모** : 부동산투자회사는 영업인가를 받거나 등록을 한 날부터 2년 이내에 발행하는 **주식 총수의 30% 이상**을 일반의 청약에 **제공하여야 한다.**
④ **주식의 분산** : 부동산투자회사는 **주주 1인**과 그 특별관계자는 **발행주식 총수의 50%(1인당 주식소유한도)를 초과하여 소유하지 못한다.**

(5) 자산의 구성

① 부동산투자회사는 매 분기 말 현재 총자산의 **80% 이상**을 **부동산, 부동산 관련 증권 및 현금**으로 구성하여야 한다.
② 이 경우 총자산의 **70% 이상**은 **부동산**(건축 중인 건물 포함)이어야 한다.

(6) 수익의 배당

① 부동산투자회사는 해당 연도 이익배당한도의 **90% 이상**을 **주주에게 배당**하여야 한다. 이 경우 이익준비금은 적립하지 아니한다.
② **위탁관리** 부동산투자회사가 이익을 배당할 때에는 이익을 초과하여 배당할 수 있다.

(7) 기타

① 부동산투자회사는 기존 차입금 및 발행사채를 상환하기 위하여 **자금을 차입**하거나 **사채를 발행할 수 있다.**
② 부동산투자회사는 부동산 등 자산의 운용에 관하여 **회계처리**를 할 때에는 **금융위원회**가 정하는 회계처리기준에 따라야 한다.

③ **기업구조조정** 부동산투자회사에 대해서는 다음 사항을 **적용하지 아니한다.**
  1. 주식의 공모, 주식의 분산
  2. 부동산 처분 제한
  3. 자산의 구성

④ **자기관리** 부동산투자회사의 **자산운용전문인력**의 요건
  1. **감정평가사** 또는 **공인중개사**로서 해당 분야에 **5년 이상** 종사한 사람
  2. 부동산 관련 분야의 **석사**학위 이상의 소지자로서 부동산의 투자·운용과 관련된 업무에 **3년 이상** 종사한 사람
  3. 부동산투자회사, 자산관리회사, 부동산투자자문회사, 그 밖에 이에 준하는 부동산관계 회사나 기관 등에서 5년 이상 근무한 사람으로서 **부동산**의 취득·처분·관리·개발 또는 자문 등의 **업무에 3년 이상** 종사한 경력이 있는 사람

제37장 프로젝트 대출(PF), 주택연금

01 프로젝트 금융(대출)

의미	프로젝트로부터 발생하는 미래 현금흐름을 상환재원으로 자금을 공급하는 방식	
특징	주된 특징	• 사업주 : 비소구 금융 또는 제한적 소구 금융 • 사업주 : 부(簿)외 금융효과(회계장부에 표시되지 않는 효과)
	기타 특징	• 에스크로 계좌 활용 • 시공사에 책임준공 의무 부과 • 개발사업지 등에 대한 담보신탁 활용 • 요건을 갖춘 경우, 법인세 감면 혜택

① **프로젝트 대출**은 **프로젝트 완성 이후에 발생하는 미래 현금흐름**을 **상환재원**으로 자금을 조달하는 기법이다.

② **프로젝트 대출**은 **사업주와 개발사업의 현금흐름을 분리**시켜, 개발사업주의 파산이 개발사업에 영향을 미치지 못한다.
③ **사업주**는 해당 프로젝트가 파산한 경우에도 **개인적인 채무를 부담하지 않는다.**
④ **프로젝트 대출**은 상환책임이 프로젝트의 현금흐름의 범위로 한정되는 **비소구** 또는 **제한적 소구** 금융이다.
⑤ 프로젝트 대출은 **비소구** 금융이 원칙이나, 사업주의 도덕적 해이를 방지하기 위해 금융기관은 **제한적 소구** 금융의 장치를 마련해두기도 한다.
⑥ 프로젝트가 파산한 경우, 채권자들은 **사업주에게 상환을 청구할 수 없고 프로젝트 회사**에 원리금 상환을 **청구할 수 있다.**

⑦ 해당 프로젝트의 대출은 **사업주의 회계 장부에 부채로 표시되지 않는다.** 이를 **부외 금융효과**라고 한다.
⑧ 프로젝트 대출은 **부외 금융효과**를 통해 **사업자(차입자)**의 채무수용능력이 제고된다.

⑨ 부동산 개발사업의 현금흐름을 통제하기 위해서 **에스크로**(escrow) **계정을 운영한다.**
⑩ 일정한 요건을 갖춘 프로젝트회사는 **법인세 감면**을 받을 수 있다.

02 한국주택금융공사

한국주택금융공사	의미	금융 공기업
	업무	• 채권 보유, 채권 유동화 • 주택저당증권, 학자금대출증권 및 유동화증권과 관련된 업무 • 주택담보노후연금과 관련된 업무 • 금융기관에 대한 신용공여 • 신용보증

03 주택담보노후연금(주택연금, 역모기지)

의미		• 주택연금이란 집은 소유하고 있지만, 소득이 부족한 어르신들에게 매달 안정적인 수입을 가질 수 있도록 주택을 담보로 생활비를 지급하는 제도이다. • 한국주택금융공사는 연금 가입자를 위해 은행에 보증서를 발급하고 은행은 공사의 보증서에 의해 가입자에게 주택연금을 지급한다. • 주택소유자가 담보를 제공하는 방식에는 저당권설정등기 방식과 신탁등기 방식이 있다.
주택연금 가입조건	가입 연령	• 주택소유자 또는 배우자가 만 55세 이상 • 부부 공동 소유인 경우, 부부 중 1명이 만 55세 이상
	가입 주택	• 일반 주택(주택법상 주택) • 지방자치단체 신고한 노인주택 • 주거목적 오피스텔
	주택 가격	• 부부합산 기준 12억원 이하 1주택 소유자 • 다주택자라도 공시가격 등의 합산가격이 12억 이하면 가능
	지급 방식	• 종신지급방식 : 사망할 때까지 종신토록 지급받는 방식 • 확정기간방식 : 가입자가 선택한 기간 동안만 지급받는 방식 • 대출상환방식
기말 자산 처리	주택가격 > 대출잔액	남은 금액은 상속인에게 지급한다.
	주택가격 < 대출잔액	부족 금액은 정부가 부담한다.

04 부동산 신탁

의미	신탁이란 위탁자가 특정한 재산권을 수탁자에게 이전하거나 기타의 처분을 하고, 수탁자로 하여금 수익자의 이익 또는 특정한 목적을 위하여 그 재산권을 관리·처분하게 하는 법률관계를 말한다.
특징	• 형식적인 소유권 이전 • 신탁이익을 받는 수익자는 위탁자가 지정한 제3자가 될 수도 있다.

① 위탁자가 부동산의 관리와 처분을 부동산신탁회사에 신탁한 후 수익증권을 발급받아 이를 담보로 금융기관에서 대출을 받는 신탁방식은 **담보신탁**이고, 이를 **신탁증서대출**이라고 한다.
② 부동산 **담보신탁**은 저당권 설정보다 소요되는 **경비**가 **적고**, 채무불이행 시 **부동산 처분 절차**가 **간편**하다.

③ 부동산 신탁계약의 **소유권 이전**은 실질적 이전이 아니라 등기부상의 **형식적 소유권 이전**이다.
④ 부동산 신탁의 **수익자**란 신탁행위에 따라 신탁이익을 받는 자로, 위탁자가 지정한 제3자가 될 수도 있다.

05 자산 유동화에 관한 법률

자산유동화	유동화전문회사(또는 신탁업자)가 자산보유자로부터 양도받은(신탁받은) 유동화자산을 기초로 유동화증권을 발행하고, 해당 유동화자산의 관리·운용·처분에 따른 수익이나 차입금 등으로 유동화증권의 원리금 또는 배당금을 지급하는 일련의 행위
유동화계획의 등록	유동화전문회사등은 자산유동화에 관하여 이 법의 적용을 받으려는 경우 유동화자산의 범위, 유동화증권의 종류, 유동화자산의 관리방법 등이 포함된 자산유동화에 관한 계획을 금융위원회에 등록하여야 한다.
양도의 방식	1. 매매 또는 교환으로 할 것 2. 유동화자산에 대한 수익권 및 처분권은 양수인이 가질 것 3. 양도인은 유동화자산에 대한 반환청구권을 가지지 아니하고, 양수인은 유동화자산에 대한 대가의 반환청구권을 가지지 아니할 것 4. 양수인이 양도된 자산에 관한 위험을 인수할 것

① 자산담보부증권(**ABS**)은 자산유동화에 관한 법률에 근거하여 발행되는 반면, **자산담보부 기업어음**(**ABCP**)은 상법에 근거하여 보다 자유롭게 유동화가 이루어진다.

제38장 금융론 계산 문제

01 대출금액

01 A는 연소득이 5,000만원이고 시장가치가 3억원인 주택을 소유하고 있다. 현재 A가 이 주택을 담보로 5,000만원을 대출받고 있을 때, 추가로 대출 가능한 최대금액은?

- 연간 저당상수 : 0.1
- 대출승인기준
  - 담보인정비율(LTV) : 시장가치기준 50% 이하
  - 총부채상환비율(DTI) : 40% 이하
  ※ 두 가지 대출승인기준을 모두 충족시켜야 함

① 5,000만원
② 7,500만원
③ 1억원
④ 1억 5,000만원
⑤ 2억원

정답 ③

02 시장가격이 5억원이고 순영업소득이 연 1억원인 상가를 보유하고 있는 A가 **추가적**으로 받을 수 있는 **최대 대출가능 금액**은?

- 연간 저당상수 : 0.2
- 대출승인조건(모두 충족하여야 함)
  - 담보인정비율(LTV) : 시장가격기준 60% 이하
  - 부채감당률(DCR) : 2 이상
- 상가의 기존 저당대출금 : 1억원

① 1억원
② 1억 5천만원
③ 2억원
④ 2억 5천만원
⑤ 3억원

정답 ②

02 잔금비율

01 A는 다음과 같은 조건을 가지는 원리금균등분할상환방식의 주택저당대출을 받았다. 5년 뒤 대출잔액은 얼마인가? ☆ 제33회

- 대출액 : 47,400만원
- 대출만기 : 15년
- 대출금리 : 연 6%, 고정금리
- 원리금은 매월 말 상환
- 연금현가계수(0.5%, 60) : 51.73
- 연금현가계수(0.5%, 120) : 90.07
- 연금현가계수(0.5%, 180) : 118.50

① 20,692만원 ② 25,804만원 ③ 30,916만원
④ 36,028만원 ⑤ 41,140만원

정답 ④

02 A는 주택 투자를 위해 은행으로부터 다음과 같은 조건으로 대출을 받았다. A가 7년 후까지 원리금을 정상적으로 상환했을 경우, 미상환 원금 잔액은? (단, $1.04^{-7} ≒ 0.76$, $1.04^{-13} ≒ 0.6$, $1.04^{-20} ≒ 0.46$으로 계산. 천원 단위에서 반올림) ☆ 제31회

- 대출원금 : 5억원
- 대출금리 : 연 4%(고정금리)
- 대출기간 : 20년
- 상환방식 : 연 1회 원리금 균등 분할 상환

① 2억 2,222만원 ② 3억 263만원 ③ 3억 7,037만원
④ 3억 8,333만원 ⑤ 3억 9,474만원

정답 ③

03 상환 흐름의 계산

01 A씨는 8억원의 아파트를 구입하기 위해 은행으로부터 4억원을 대출받았다. 은행의 대출조건이 다음과 같을 때, A씨가 ㉠ 2회차에 상환할 원금과 ㉡ 3회차에 납부할 이자액을 순서대로 나열한 것은?

- 대출금리 : 고정금리, 연 6%
- 대출기간 : 20년
- 저당상수 : 0.087
- 원리금 상환조건 : 원리금균등상환방식, 연 단위 매기간 말 상환

① 10,800,000원, 23,352,000원
② 11,448,000원, 22,665,120원
③ 11,448,000원, 23,352,000원
④ 12,134,880원, 22,665,120원
⑤ 12,134,880원, 23,352,000원

정답 ②

02 A는 주택 구입을 위해 연초에 6억원을 대출 받았다. A가 받은 대출 조건이 다음과 같을 때, ㉠ 대출금리와 ㉡ 3회차에 상환할 원리금은?

- 대출금리 : 고정금리
- 대출기간 : 30년
- 원리금 상환조건 : 원금균등상환방식, 매년 말 연단위 상환
- 1회차 원리금 상환액 : 4,400만원

① ㉠ : 연 4%, ㉡ : 4,240만원
② ㉠ : 연 4%, ㉡ : 4,320만원
③ ㉠ : 연 5%, ㉡ : 4,240만원
④ ㉠ : 연 5%, ㉡ : 4,320만원
⑤ ㉠ : 연 6%, ㉡ : 4,160만원

정답 ①

03 대출조건이 다음과 같을 때, 원금 균등 분할 상환 방식과 원리금 균등 분할 상환 방식에서 1회차에 납부할 원금을 순서대로 나열한 것은? ☆ 제30회

- 대출금 : 1억 2천만원
- 대출금리 : 고정금리, 연 6%
- 대출기간 : 10년
- 월 저당상수 : 0.0111
- 거치기간 없이 매월말 상환

① 1,000,000원, 725,000원
② 1,000,000원, 732,000원
③ 1,000,000원, 735,000원
④ 1,200,000원, 732,000원
⑤ 1,200,000원, 735,000원

정답 ②

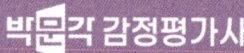

PART 07

개발론 등

Chapter 39 부동산 개발의 이해
Chapter 40 부동산 개발의 타당성 분석
Chapter 41 부동산 개발의 방식
Chapter 42 부동산 관리론
Chapter 43 부동산 마케팅론
Chapter 44 부동산 중개론
Chapter 45 부동산 권리분석 및 에스크로
Chapter 46 개발론 계산 문제

PART 07 개발론 등

제39장 부동산 개발의 이해

01 개발의 이해

의미	• 토지의 유용성을 증가시키기 위하여 토지를 조성하고, 건물을 건축하고, 공작물을 설치하는 행위 • "시공" 행위는 개발업의 개념에서 제외된다.
개발의 주체	• 공적 주체 : 국가, 지방자치단체, 공기업 등 • 사적 주체 : 개인, 기업, 토지소유자 조합 등 • 제3섹터(공공 + 민간) : 민자 사업 방식

① **부동산 개발**이란 다음 어느 하나에 해당하는 행위를 말한다(부동산 개발업의 관리 및 육성에 관한 법률).
  1. 토지를 건설공사의 수행 또는 형질변경의 방법으로 조성하는 행위
  2. 건축물을 건축·대수선·리모델링 또는 용도변경 하거나 공작물을 설치하는 행위
② 부동산 개발업에는 **시공**을 담당하는 행위가 **제외**된다.

개발의 단계 (워포드)	아이디어 단계	
	예비적 타당성 분석	수익과 비용을 개략적으로 계산하여 경제성을 검토
	부지 모색 및 확보	
	타당성 분석	사업의 실행가능성을 구체적·세부적으로 판단
	금융	
	건설	
	마케팅	

① 개발사업으로부터 예상되는 수입과 비용을 **개략적**으로 계산하여 **경제성**을 검토하는 단계는 **예비적 타당성 분석**이다.
② 사업의 실행가능성을 **구체적**이고 **세부적**으로 판단하는 단계는 **타당성 분석**이다.

02 개발의 위험

위험의 종류 (원인)	• 법률적 위험 • 시장 위험 • 비용 위험
단계와 위험	• 개발의 위험은 개발 초기에 가장 높고, 완공에 가까워질수록 점점 감소한다. • 개발의 가치는 개발 초기에 가장 낮고, 완공에 가까워질수록 점점 증가한다.
통제 가능성	• 공사 중 문화재 발견으로 인한 개발 지연 : 통제 불가능 • 행정기관의 인·허가 지연으로 인한 손해 : 통제 불가능 • 부실 공사에 대한 하자 책임　　　　　　 : 통제 가능

① **워포드**는 부동산 개발의 위험을 **법적** 위험, **시장** 위험 및 **비용** 위험 등으로 구분한다.

② 개발사업에 있어서 **법적 위험**은 **토지이용규제**와 같은 **공법**적인 측면과 **소유권 관계**와 같은 **사법**적인 측면에서 발생할 수 있는 위험을 말한다.

③ **토지이용계획이 확정된 토지**를 구입하는 것은 **법적인 위험**을 줄이기 위한 방안이다.

④ 사업부지에 **군사시설보호구역**이 일부 포함되어 사업이 지연되었다면 이는 **법적 위험** 분석을 소홀히 한 결과이다.

⑤ **시장 위험**은 개발된 부동산이 **분양**이나 **임대가 되지 않거나**, 계획했던 가격 이하나 임대료 이하로 매각되거나 임대되는 경우를 말한다.

⑥ **개발기간의 연장, 인플레이션** 등으로 발생되는 불확실성은 **비용 위험**에 속한다.

⑦ **행정청의 인허가 지연으로 인한 손실** 등은 개발업자가 통제할 수 **없는** 위험이다.
⑧ **부실 공사 하자에 따른 책임 위험**은 개발업자가 통제할 수 **있는** 위험이다.

제40장 부동산 개발의 타당성 분석

01 개발을 위한 부동산 분석

(1) 시장에 대한 연구

지역경제 분석	• 도시 내 모든 부동산에 대한 기본적인 수요요인을 분석하는 과정 • 지역의 인구, 고용, 소득수준, 가구 특성 등을 분석	
시장 분석	특정 지역, 특정 유형의 부동산에 대한 수요와 공급을 분석하는 과정	
시장성 분석	의미	흡수율 등을 통해 미래(준공 시점) 시장의 성질을 분석하는 과정
	흡수율	• 공급된 부동산이 단위 시간 동안 시장에서 흡수되는 비율 • 공급된 부동산이 단위 시간 동안 매매, 임대 또는 분양되는 비율

① **지역경제 분석**은 대상 **지역**의 부동산수요에 영향을 미치는 **인구, 고용, 소득**, 인구의 특성, 가구의 특성, 고용률, 소득수준, 교통망 등의 요인을 분석한다.
② **지역경제 분석**은 개발사업과 관련한 거시적 경기동향, 정책환경 등을 분석한다.
③ **시장 분석**은 **특정 유형**의 부동산에 대한 **수요와 공급**을 분석하는 것이다.

④ **시장성 분석**은 현재나 **미래**의 **시장**상황에서 개발된 부동산이 얼마나 빠르고 많이 **매매** 또는 **임대**될 수 있는지, 즉 **흡수율**을 조사한다.
⑤ **시장성 분석**은 부동산의 과거 및 현재의 추세를 분석하고 그 원인을 분석한 후에 **미래의 흡수율**을 파악하는 것이 **궁극적인 목적**이다.
⑥ **시장성 분석**은 부동산이 현재나 미래의 시장상황에서 **매매** 또는 **임대**될 수 있는 **가능성**을 조사하는 것이다.
⑦ **시장성 분석**은 특정 부동산이 가진 경쟁력을 중심으로 해당 부동산이 **분양**될 수 있는 **가능성**을 분석한다.

(2) 개발의 의사결정 연구

타당성 분석	의미	사업의 실행 가능성을 구체적이고 세부적으로 판단하는 과정
	구분	• 법률적 타당성 • 기술적 타당성 • 경제적 타당성 : 가장 중요
투자 분석		• 다양한 투자분석기법을 활용하여 최종 대안을 선택하는 과정 • 개발업자는 타당성이 인정되는 모든 대안을 선택하는 것이 아니라, 제한된 자금에서 최선의 대안을 선택하고자 한다.

① **물리적 타당성** 분석은 대상 부지의 지형, 지세, 토질과 같은 **물리적 요인**들이 개발대상 부동산의 건설 및 운영에 적합한지 여부를 분석하는 과정이다.
② **법률적 타당성** 분석은 대상 부지와 관련된 **법적 제약조건을 분석**해서 대상 부지 내에서 개발 가능한 **용도**와 개발**규모**를 판단하는 과정이다.
③ **경제적 타당성** 분석은 개발에 소요되는 **비용, 수익, 시장수요와 공급** 등을 **분석**하는 과정이다.
④ **타당성 분석**은 경제적 타당성을 중심으로 **개발사업이 투자자를 유인할 만큼 충분한 수익성이 있는지를 분석한다.**

⑤ **타당성 분석**의 결과가 동일한 경우라도, 분석된 사업안은 개발업자에 따라 **채택될 수도 있고 그렇지 않을 수도 있다.**
⑥ **다양한 투자분석기법**을 활용하여 **최종적인 개발 대안**을 **결정**하는 과정은 **투자 분석**이다.

02 경제 기반 분석

경제기반모형	의미	기반 산업의 발전이 도시 성장을 좌우한다.
	구분	• 기반 산업 : 도시 외부로 재화를 수출하고 화폐를 끌어들이는 산업 • 비기반 산업 : 도시 내부의 주민들이 소비하는 재화를 생산하는 산업
입지계수	의미	"기반 산업"과 "비기반 산업"을 구분하는 기준
	공식	입지계수 = $\dfrac{\text{지역의 산업구성비}}{\text{전국의 산업구성비}}$
	해석	• 입지계수 > 1 : 기반 산업 • 입지계수 < 1 : 비기반 산업

제41장 부동산 개발의 방식

01 공영개발 방식(토지를 취득하는 방식)

매수 방식	• 협의 매수 / 수용(강제적 취득)
환지 방식	• 토지(소유권)의 재분배 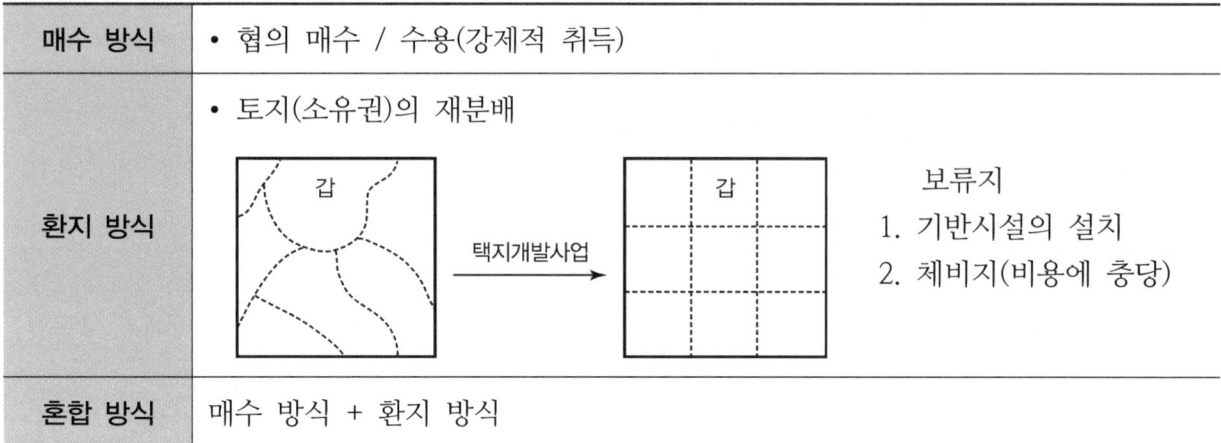
혼합 방식	매수 방식 + 환지 방식

① **수용 방식**은 사업 시행의 절차가 간단하며 빠르게 진행된다.
② 수용 방식은 초기 **사업비 부담**이 크고, **토지소유자의 저항**이 심할 수 있다.
③ 수용 방식은 **기반시설**의 **확보**가 **용이**한 편이다.

④ **환지 방식**은 개발되기 전 토지의 위치·지목·이용도 등을 고려하여, 토지소유자에게 개발이 완료된 **토지를 재분배하는 방식**이다.
⑤ 환지 방식에 의하면 사업이 완료된 토지는 **환지**와 **보류지**로 구분된다.
⑥ 환지 방식에서 감보된 토지의 **일부**(보류지)는 필요한 **기반시설 용지**로 사용되고, 나머지 **체비지**는 사업 비용에 충당하기 위해서 경매로 처분한다.
⑦ 환지 방식은 **종전 토지소유자**에게 **개발이익**이 **귀속**될 가능성이 큰 편이다.
⑧ 환지 방식은 환지의 형평성을 위하여 **사업시행 기간**이 **장기화**될 수 있다.

02 민간개발 방식(토지소유자가 개발하는 방식)

자체 개발 방식	• 토지소유자가 사업의 전반적인 과정을 직접 담당하는 방식 • 자체 사업은 이익의 측면에서는 유리한 방식이지만, 위험이 크다는 단점을 동시에 갖는다.
지주 공동 사업	개발의 위험을 낮추기 위해서 토지소유자가 건설업자 또는 개발업자와 사업을 공동으로 수행하는 방식

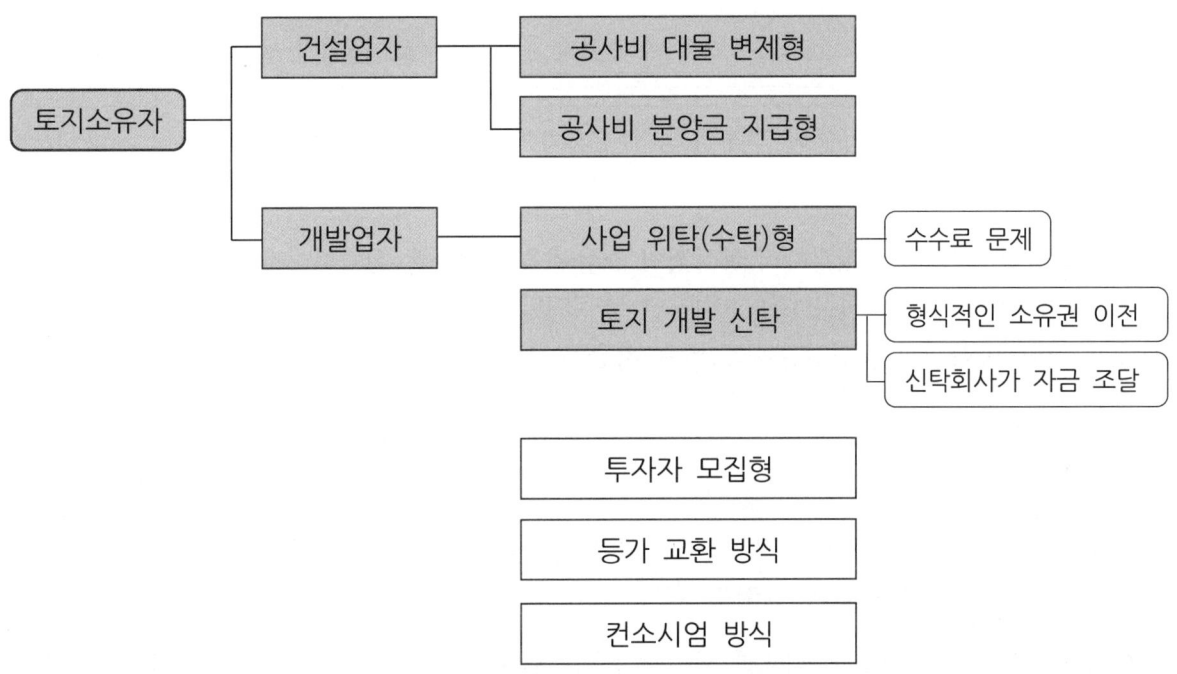

(1) 공사비 대물 변제형, 공사비 분양금 지급형

① 토지소유자가 건설업자에게 시공을 맡기고 **건설에 소요된 비용**을 완성된 **건축물**로 **변제**하는 방식은 **공사비 대물 변제형**이다.

② 토지소유자가 건설업자에게 시공을 맡기고 **건설에 소요된 비용**을 완성된 건물의 **분양 수익금**으로 **지급**하는 방식은 **공사비 분양금 지급형**이다.

(2) 사업 위탁 방식, 신탁 방식

① 개발업자가 토지소유자의 위탁을 받아 개발사업을 수행하고 위탁수수료를 지급받는 방식은 **사업 위탁형**이다.

② **사업 위탁(수탁) 방식**은 토지소유자와 수탁업자 간에 **수수료 문제**가 발생할 수 있다.

③ 부동산 개발 노하우나 **자금이 부족한 토지소유자**가 신탁회사에 토지를 신탁하면 신탁회사가 개발 등을 대신하고 그 수익을 토지소유자에게 돌려주는 신탁상품은 **토지 개발 신탁**이다.

④ **사업 신탁형**은 토지소유자로부터 **형식적인 소유권을 이전**받은 신탁회사가 토지를 개발·관리·처분하여 그 수익을 수익자에게 돌려주는 방식이다.

⑤ **토지 신탁 방식**에서는 건설단계의 **부족 자금**은 **신탁업자**가 조달한다.

(3) 기타 방식

① **등가 교환 방식**은 토지소유자가 토지를 제공하고, 개발업자가 건물을 건축하여 그 **기여도에 따라** 토지와 건물의 **지분을 나누는 방식**이다.

② **컨소시엄**은 대규모 개발에 필요한 사업자금을 조달하고 부족한 기술을 상호 보완하기 위하여 **법인 간 컨소시엄**을 구성하여 사업을 수행하는 방식이다.

03 민간투자사업방식(민자사업방식)

약자	• B : 민간이 건설(built) • T : 주무관청에 소유권을 양도(transfer) • O : 운영(operate)을 통해 개발비용을 회수 • L : 임대차(lease)를 통해 개발비용을 회수
BTO 방식	• 민간이 사회간접시설을 건설(B)하고, 소유권을 주무관청에 양도(T)한 후, 일정 기간 시설에 대한 운영권(O)을 부여받는 방식 • 도로, 터널 등 대부분의 사회간접시설에 활용되는 방식
BTL 방식	• 민간이 사회간접시설을 건설(B)하고, 소유권을 주무관청에 양도(T)한 후, 정부 등에 그 시설을 임차(L)하는 방식 • 건물, 기숙사, 도서관, 군인아파트 등에 활용되는 방식

(1) BTO와 BTL 방식

① BTO(built-transfer-operate) 방식은 민간이 사회간접시설을 **건설**(B)하여, 소유권을 주무관청에 **양도**(T)한 후, 일정 기간 시설에 대한 **운영권**(O)을 부여받는 방식이다.

② BTL(built-transfer-lease) 방식은 민간이 사회간접시설을 **건설**(B)하여, 소유권을 주무관청에 **양도**(T)하고, 정부 등에 그 시설을 **임차**(L)하는 방식이다.

③ 도로, 터널, 역사 등 **일반적인 기반시설**의 개발에 활용되고 있는 방식은 **BTO 방식**이다.

④ 최근 우리나라에서 학교**건물**, **기숙사**, **도서관**, 군인**아파트** 등의 개발에 활용되고 있는 방식은 **BTL 방식**이다.

⑤ 사업시행자가 **최종 수요자에게 사용료를 직접 부여하기 어려운 경우**에 주로 활용되는 방식은 **BTL 방식**이다.

(2) BOT / BLT / BOO 방식

① BOT(built-operate-transfer) 방식은 민간이 사회간접시설을 **건설**(B)하고, 일정기간 소유하면서 **운영**(O)을 한 후, 계약기간 종료 시점에 소유권을 주무관청에 **양도**(T)하는 방식이다.

② BLT(built-lease-transfer) 방식은 민간이 사회간접시설을 **건설**(B)하고, 일정기간 주무관청에 **임차**(L)해주고, 임차기간이 종료되면 소유권을 주무관청에 **양도**(T)하는 방식이다.

③ BOO(built-own-operate) 방식은 민간이 사회간접시설을 **건설**(B)하여, 해당 시설의 **소유권**(O)을 갖고, 시설을 **운영**(O)하는 방식이다.

제42장 부동산 관리론

01 복합 관리

기술적 관리	토지 관리	경계 확정, 경계 측량, 사도 방지, 옹벽 설치 등
	건물 관리	위생·보안·보전 관리, 시설 관리 등
	기타	건물과 부지의 부적응 개선
경제적 관리		• 인력 관리 : 인사 관리, 노무 관리 • 순수익 관리, 손익분기점 관리, 회계 관리 등
법률적 관리		• 임대차 계약, 공법상 인허가 신고 • 권리관계의 조정, 권리의 보전 등

① 대상 부동산에 대한 **물리적·기능적 하자에 대한** 사전적 예방 또는 사후적 대응과 관련된 활동을 **기술적 관리**라고 한다.
② 건물의 기능을 유지하기 위한 **건물의 수리** 및 **점검**을 하는 것은 **기술적** 측면의 **관리**이다.

02 관리 범위

시설 관리	의미	시설의 운영 및 유지를 목적으로 하는 관리
	성격	소극적 관리(요구에 부응하는 관리), 기술적 관리
재산 관리	의미	부동산 임대차 수익의 극대화를 목적으로 하는 관리
자산 관리	의미	자산의 가치를 증진시킬 수 있는 다양한 방법을 모색하는 관리
	내용	• 포트폴리오 관리 • 프로젝트 파이낸싱(PF) • 부동산 매입 및 매각 관리 • 재투자 또는 재개발 결정, 리모델링 결정

① **시설 관리**(Facility Management)는 건물의 **설비, 기계**운영 및 보수, **유지관리** 업무를 중심으로 하는 관리이다.
② **시설 관리**는 시설사용자나 기업의 **요구**에 부응하는 정도의 **소극적 관리**이다.

③ **자산 관리**(Asset Management)란 소유자의 부를 극대화시키기 위하여 부동산을 **포트폴리오** 관점에서 관리하는 것을 말한다.
④ **자산 관리**는 부동산을 **포트폴리오** 관점에서 관리하는 자산·부채의 종합관리를 의미한다.
⑤ **자산 관리**는 임대차관리 등의 일상적인 건물 운영 및 관리뿐만 아니라 부동산 **투자**의 **위험관리**와 **프로젝트 파이낸싱** 등의 업무를 하는 것을 말한다.
⑥ **포트폴리오 관리, 리모델링, 부동산의 매입과 매각** 등은 **자산 관리**의 내용이다.

03 관리 방식(주체)

자가 관리	장점	• 단독주택 등 소규모 부동산의 관리에 유효한 방식 • 강력한 지시·통제, 신속한 의사결정, 종합적인 업무 처리 • 기밀 유지 및 보안의 측면에서 유리
	단점	• 관리의 전문성 결여 • 관리의 타성(惰性; 게으름)이 발생 가능
위탁 관리	장점	• 공동주택 등 대형 부동산의 관리에 유효한 방식 • 효율적이고 합리적인 계획관리를 통한 노후화 방지
혼합 관리	장점	자가 관리에서 위탁 관리로 이행하는 과도기에 유용한 방식
	단점	문제가 발생한 경우, 관리의 책임 소재가 불분명

① **자가 관리** 방식은 소유자의 의사능력과 **지휘통제력**이 강력하게 발휘되는 방식이다.
② 자가 관리 방식은 **의사결정과 업무처리가 신속**한 방식이다.
③ 관리하는 각 부분을 **종합적으로 운영할 수 있는 방식**은 자가 관리이다.
④ **기밀유지 및 보안관리** 측면에서 **유리**한 방식은 자가 관리이다.

⑤ **위탁 관리** 방식은 전문적인 **계획 관리**를 통해 시설물의 노후화를 늦출 수 있다.

⑥ **혼합 관리** 방식은 자가 관리에서 위탁 관리로 이행하는 **과도기**에 유용할 수 있다.
⑦ 문제가 발생한 경우 **관리의 책임소재가 불분명**해지는 관리 방식은 **혼합 관리** 방식이다.

04 관리의 구체적 내용

(1) 유지 활동

유지 활동	의미	외형을 변화시키지 않으면서 양호한 상태를 지속시키는 행위
	구분	• 예방적(사전적) 유지 활동 : 가장 중요 • 대응적(사후적) 유지 활동

(2) 임대차 활동

구분	주거용 부동산	매장용 부동산	공업용 부동산
임차자 선정 기준	유대성	가능매상고	적합성
임대차 유형	조임대차	비율임대차	순임대차(3차)

① **비율임대차**는 기본임대료 외에 **총수입**의 **일정 비율**을 임대료로 지불하는 방식이다.
② 임차부동산에서 발생하는 **총수입**(매상고)의 **일정 비율**을 임대료로 지불하는 방식은 임대차 유형 중 **비율임대차**이다.

(3) 건물의 생애주기

건물의 생애주기	전개발단계	용지의 상태
	신축단계	물리적·기능적 유용성이 최고인 단계
	안정단계	건물의 전체 수명을 결정하는 단계
	노후단계	
	폐물단계	

① 건물의 생애주기는 **전개발단계, 신축단계, 안정단계, 노후단계, 폐물단계** 등으로 구분한다.
② 건물의 **물리적 효용성**이 가장 높은 단계는 **신축단계**이다.
③ 건물의 **전체 내용연수를 결정**하는 단계는 **안정단계**이다.
④ 건물의 전체 내용연수는 **안정단계**에서 얼마나 유지 및 수선이 이루어지는가에 의해 결정된다.

제43장 부동산 마케팅론

01 마케팅의 이해

의미	수익을 극대화하기 위해 행하는 기업의 모든 활동
중요성	소비자 주도 시장으로의 전환
구분	시장점유 마케팅	• 공급자 중심의 전략 • STP 전략, 4P mix 전략
	고객점유 마케팅	• 소비자 행동 이론 차원 • AIDA 원리
	관계 마케팅	• 지속적인 상호 작용을 강조 • 브랜드, 이미지 강조

① 부동산 마케팅은 **구매자**(소비자) **주도 시장**으로 **전환**됨에 따라 그 중요성이 강조된다.

② **시장점유 마케팅**이란 **공급자 중심의 마케팅**으로 시장을 선점하고자 하는 마케팅이다.
③ **고객점유 마케팅**이란 소비자의 **구매 의사 결정** 과정의 각 단계에서 **소비자와의 심리적인 접점**을 마련하고자 하는 마케팅이다.
④ **관계 마케팅**이란 **공급자와 소비자 간의 지속적 상호작용**을 중시하는 마케팅이다.

02 STP, 4P MIX (시장점유 마케팅의 세부 전략)

(1) STP 전략

STP	시장 세분화 (Segmentation)	• 시장을 세분하는 단계 • 소비자 집단을 다양한 특성에 따라 세분하는 단계
	목표 시장 설정 (Targeting)	• 기업이 목적에 부합하는 시장을 선택하는 단계 • 세분된 소비자 집단에서 목표 집단을 선정하는 단계
	포지셔닝 (Positioning)	• (다른 기업 또는 다른 제품과의) 차별화 • (고객의 마음, 고객의 지각 속에) 위치 설정

① **시장 세분화 전략**(segmentation)이란 기업의 목표를 분명히 하기 위해 **수요자 집단을** 인구경제학적 특성에 따라서 **세분**하는 과정이다.

② **목표 시장 선정**(targeting)이란 세분화된 수요자 집단에서 기업에게 가장 자신 있는 **수요자 집단을 찾아내는** 과정이다.

③ **포지셔닝**(positioning)이란 목표 시장에서 고객의 욕구를 파악하여 경쟁 제품과 **차별성**을 가지도록 제품 개념을 정하고 **소비자**의 지각 속에 적절히 **위치시키는** 것이다.
④ 제품 **포지셔닝**이란 표적**고객의 마음속에** 특정 상품이나 서비스가 **자리 잡는 느낌**을 말하며, 고객에게 자사의 상품과 서비스 이미지가 **자리를 잡도록** 디자인하는 활동을 말한다.
⑤ 분양 성공을 위해 아파트 브랜드를 고급스러운 이미지로 **고객의 인식**에 **각인**시키도록 하는 노력은 STP 전략 중 **포지셔닝** 전략에 해당한다.

(2) 4P MIX 전략

4P	제품 (Product)	• 기존과 차별화된 아파트 평면 설계 • 지상 주차장의 지하화, 보안설비의 디지털화 • 아파트 체육시설 및 커뮤니티 시설의 설치
	가격 (Price)	• 가격수준 정책 : 시가, 저가, 고가 • 가격 신축성 정책 : 단일 가격, 신축 가격
	유통경로 (Place)	• 직접 판매 전략 • 분양대행사를 활용하는 전략 • 중개업소를 활용하는 전략
	촉진 (Promotion)	• 광고, 홍보, 인적판매 • 기타 판매촉진 : 사은품 및 경품 제공

① 다른 아파트와 차별화되도록 설계된 아파트는 **제품**(product) **전략의 예**이다.
② 아파트의 차별화를 위해 커뮤니티 시설에 헬스장, 골프연습장을 설치하는 방법은 **제품 전략**에 해당한다.
③ **신축 가격**은 동일 아파트에 대해 층, 위치, 조망 등 부동산 특성에 따라 가격을 달리 책정하는 것으로, 이는 **가격 신축성 정책**에 해당한다.
④ 경쟁사의 가격을 추종해야 할 경우, 4P Mix의 가격전략으로 **시가 전략**을 이용한다.
⑤ **분양대행사**를 활용할 것인지, **중개업소**를 활용할 것인지는 **유통경로**(place) **전략**이다.
⑥ 방문 고객을 대상으로 **사은품**을 지급하거나 **추첨**을 통해 자동차를 **경품**으로 제공하는 것은 **촉진**(promotion) **전략**이다.

⑦ **바이럴 마케팅**(viral marketing) 전략은 SNS, 블로그 등 다양한 매체를 통해 해당 브랜드나 제품에 대해 **입소문**을 내게 하여 마케팅 효과를 극대화시키는 것이다.
⑧ **노벨티**(novelty) 광고는 실용적이며 장식적인 **물건**에 **상호·전화번호** 등을 **표시**하는 것이다.

03 AIDA 원리(고객점유 마케팅의 세부 전략)

AIDA	의미	소비자가 상품을 구매할 때까지 나타나는 심리 변화 4단계
	내용	• 주의(Attention) • 관심(Interest) • 욕망(Desire) • 행동(Action)

① **AIDA**의 원리는 상품을 구매할 때까지 나타나는 **소비자의 심리 변화의 4단계**를 의미한다.
② AIDA 원리는 **주의**(Attention), **관심**(Interest), **욕망**(Desire), **행동**(Action)의 순차적 단계를 말한다.

제44장 부동산 중개론

01 중개계약의 유형

일반중개계약	의미	불특정 다수의 개업공인중개사에게 의뢰하는 계약
	법령	중개의뢰인은 일반중개계약서의 작성을 요청할 수 있다(제22조).
전속중개계약	의미	특정 개업공인중개사를 정하여 중개를 의뢰하는 계약
	법령	• 중개의뢰인은 특정한 개업공인중개사를 정하여 그 개업공인중개사에 한정하여 해당 중개대상물을 중개하도록 하는 계약을 체결할 수 있다(제23조). • 개업공인중개사는 전속중개계약을 체결한 때에는 부동산거래정보망 또는 일간신문에 해당 중개대상물에 관한 정보를 공개하여야 한다(제23조).
독점중개계약		특정 개업공인중개사에게 중개를 의뢰하고, 거래계약이 체결되면 누가 거래를 성립시켰는지를 불문하고 계약을 체결한 개업공인중개사에게 중개보수를 지급하기로 하는 계약
공동중개계약		2인 이상의 공동활동에 의한 중개를 의뢰하는 계약
순가중개계약		중개의뢰인이 중개대상물의 가격을 사전에 개업공인중개사에게 제시하고, 그 금액을 초과하여 거래계약을 성립시키면 그 초과하는 부분을 모두 중개보수로 지급하기로 하는 계약

02 공인중개사법의 주요 내용

(1) 용어 정의(공인중개사법 제2조)

① **중개**라 함은 **중개대상물에 대하여** 거래당사자 간의 **매매**·교환·임대차 그 밖의 권리의 득실변경에 관한 행위를 **알선하는 것**을 말한다.

② **공인중개사**라 함은 이 법에 의한 **공인중개사자격을 취득한 자**를 말한다.

③ **중개업**이라 함은 다른 사람의 의뢰에 의하여 일정한 **보수를 받고 중개를 업으로 행하는 것**을 말한다.

④ **개업공인중개사**라 함은 이 법에 의하여 **중개사무소의 개설등록을 한 자**를 말한다.

⑤ **소속공인중개사**란 개업공인중개사에 소속된 **공인중개사**로서 **중개업무**를 **수행**하거나 개업공인중개사의 **중개업무**를 **보조**하는 자를 말한다.

⑥ **중개보조원**이란 **공인중개사가 아닌 자**로서 개업공인중개사에 소속되어 중개대상물에 대한 **현장안내 및 일반서무** 등 개업공인중개사의 중개업무와 관련된 **단순한 업무**를 보조하는 자를 말한다.

(2) 공인중개사 정책심의위원회(공인중개사법 제2조의2)

① 공인중개사의 업무에 관한 다음 각 호의 사항을 심의하기 위하여 **국토교통부**에 **공인중개사 정책심의위원회**를 둘 수 있다.

1. 공인중개사의 **시험** 등 **공인중개사의 자격취득**에 관한 사항
2. 부동산 중개업의 육성에 관한 사항
3. **중개보수 변경**에 관한 사항
4. **손해배상책임의 보장** 등에 관한 사항

(3) 중개대상물의 범위(공인중개사법 제3조)

① 이 법에 의한 **중개대상물**은 다음 각 호와 같다.

1. **토지**
2. **건축물** 그 밖의 토지의 정착물
3. 그 밖에 대통령령으로 정하는 재산권 및 물건
   ㉠ 입목에 관한 법률에 따른 **입목**
   ㉡ 공장 및 광업재단 저당법에 따른 **공장재단** 및 **광업재단**

(4) 법인인 개업공인중개사가 겸업을 할 수 있는 업무(공인중개사법 제14조)

① 법인인 개업공인중개사는 다른 법률에 규정된 경우를 제외하고는 **중개업 및 다음 각 호에 규정된 업무와 제2항에 규정된 업무** 외에 다른 업무를 함께 할 수 없다.

1. 상업용 건축물 및 주택의 임대관리 등 **부동산의 관리대행** (토지 ×, 개발대행 ×)
2. 상업용 건축물 및 주택의 **분양대행**
3. 부동산의 이용·개발 및 거래에 관한 **상담**
4. **개업공인중개사를 대상**으로 한 중개업의 경영기법 및 경영정보의 제공
5. 주거이전에 부수되는 도배·이사업체의 소개 등 **용역의 알선**

② 개업공인중개사는 '민사집행법'에 의한 **경매** 및 '국세징수법' 그 밖의 법령에 의한 **공매**대상 부동산에 대한 권리분석 및 취득의 알선과 매수신청 또는 입찰신청의 대리를 **할 수 있다**.

(5) 중개대상물의 확인 · 설명(공인중개사법 제25조)

① **개업공인중개사**는 중개가 완성되기 전에 다음 각 호의 사항을 확인하여 이를 해당 중개대상물에 관한 **권리를 취득하고자 하는 중개의뢰인**에게 성실 · 정확하게 **설명**하고, 토지대장 등본 또는 부동산종합증명서, 등기사항증명서 등 설명의 근거자료를 제시하여야 한다.
  1. 중개대상물의 **상태 · 입지** 및 **권리관계**
  2. 법령의 규정에 의한 **거래 또는 이용제한**사항
  3. 그 밖에 **대통령령으로 정하는 사항**

---

1. 중개대상물의 종류 · 소재지 · 지번 · 지목 · 면적 · 용도 · 구조 및 건축연도 등 **기본적 사항**
2. 소유권 · 전세권 · 저당권 · 지상권 및 임차권 등 중개대상물의 **권리관계**에 관한 사항
3. **거래예정금액 · 중개보수** 및 실비의 금액과 그 산출내역
4. 토지이용계획, 공법상의 **거래규제** 및 **이용제한**에 관한 사항
5. 수도 · 전기 · 가스 · 소방 · 열공급 · 승강기 및 배수 등 **시설물의 상태**
6. 벽면 · 바닥면 및 **도배의 상태**
7. 일조 · 소음 · 진동 등 **환경조건**
8. 도로 및 대중교통수단과의 연계성, 시장 · 학교와의 근접성 등 **입지조건**
9. 중개대상물에 대한 **권리를 취득**함에 따라 부담하여야 할 **조세**의 종류 및 세율
10. 주택임대차보호법과 관련된 내용(구체적인 내용은 생략)

(6) 금지행위(공인중개사법 제33조)

① **개업공인중개사** 등은 다음 각 호의 행위를 하여서는 **아니 된다**.
  1. 중개대상물의 **매매**를 **업**으로 하는 행위
  3. 사례 · 증여 그 밖의 어떠한 명목으로도 **보수 또는 실비를 초과**하여 금품을 받는 행위
  5. 관계 법령에서 양도 · 알선 등이 **금지된 부동산의 분양 · 임대 등과 관련 있는 증서** 등의 매매 · 교환 등을 중개하거나 그 매매를 업으로 하는 행위
  6. 중개의뢰인과 **직접 거래**를 하거나 거래당사자 **쌍방**을 **대리**하는 행위
  7. **탈세 등 관계 법령을 위반할 목적**으로 소유권보존등기 또는 이전등기를 하지 아니한 부동산이나 관계 법령의 규정에 의하여 전매 등 권리의 변동이 제한된 부동산의 매매를 중개하는 등 부동산투기를 조장하는 행위
  8. **부당한 이익**을 얻거나 제3자에게 부당한 이익을 얻게 할 목적으로 거짓으로 거래가 완료된 것처럼 꾸미는 등 중개대상물의 시세에 부당한 영향을 주거나 줄 우려가 있는 행위
  9. **단체를 구성**하여 특정 중개대상물에 대하여 중개를 제한하거나 단체 구성원 이외의 자와 공동중개를 제한하는 행위

제45장 부동산 권리분석 및 에스크로

01 부동산 권리분석

의미	협의	등기법에 의해 등기할 수 있는 권리를 분석
	광의	협의 + 부동산의 법률적 가치(이용가치·경제가치)를 포함
	최광의	광의 + 사실상태, 등기능력 없는 권리 등을 포함
권리분석의 (특별)원칙	탐문주의	필요한 자료와 정보는 직접 탐문하여 확보하여야 한다.
	증거주의	조사·확인·판단은 반드시 증거에 기반하여야 한다.
	능률성	
	안전성	하자 전제의 원칙, 완전 심증의 원칙, 범위 확대의 원칙 차단의 원칙, 유동성 대비의 원칙
권리분석의 단계	자료 수집	
	판독	수집된 자료의 진위·부합 판단, 자료의 내용을 확인·판단
	임장 활동	권리의 하자 여부를 확인하기 위해 현장을 방문하는 단계

① 부동산의 상태 또는 **사실관계, 등기능력 없는 권리** 및 등기를 요하지 않는 권리관계 등 자세한 내용에 이르기까지 분석의 대상으로 하는 것이 **최광의 권리분석**이다.

② **권리분석의 원칙**에는 **능률성, 안전성, 탐문주의, 증거주의** 등이 있다.

③ 부동산 권리분석을 행하는 주체가 분석대상 권리의 **주요한 사항**을 **직접 확인해야 한다**는 원칙은 **탐문주의**의 원칙이다.

④ 하자 전제의 원칙, 완전 심증의 원칙, 차단의 원칙 등은 **안전성 원칙**의 **하부 원칙**이다.

⑤ 권리분석은 **자료의 수집, 판독, 임장활동** 등의 단계로 구성되어 있다.

⑥ **판독**은 임장활동의 전 단계 활동으로 여러 가지 물적 증거를 수집하고 탁상 위에서 검토하여 1차적으로 하자의 유무를 발견하려는 작업이다.

⑦ **판독**의 과정은 위험사례를 미리 발견하기 위한 노력 또는 그 기초 작업이다.

02 에스크로(Escrow) 제도

의미	부동산 거래당사자 사이의 동시이행을 제3자의 입장에서 공정하게 처리함으로써 거래사고를 방지하고자 하는 제도
특징	• 거래에서 중립자로서의 역할을 수행한다. • 갈등과 분쟁이 발생한 경우, 조정이나 중재 역할을 수행할 수 없다.

① **에스크로 제도**를 통해 매수자는 권원상의 하자나 부담으로부터 발생하는 위험을 **사전에 방지**할 수 있다.

② 에스크로는 매수자뿐만 아니라 매도자, 저당대출기관 등의 **권익을 보호하는 역할**을 한다.

③ 에스크로 회사는 **중립자**로서 매도자와 매수자의 협상과정에 참여할 수 없고, 거래과정에서 발생하는 여러 가지 문제에 대하여 **조언 및 조정·중재 역할**을 수행할 수 **없다**.

④ **계약금 등의 반환채무이행의 보장** : 개업공인중개사는 거래의 안전을 보장하기 위하여 필요하다고 인정하는 경우에는 거래계약의 이행이 완료될 때까지 계약금·중도금 또는 잔금을 개업공인중개사 또는 대통령령으로 정하는 자의 명의(은행, 보험회사, 신탁업자 등)로 금융기관, 공제사업을 하는 자 또는 신탁업자 등에 예치하도록 거래당사자에게 **권고할 수 있다**(공인중개사법 제31조).

제46장 개발론 계산 문제

01 입지계수 계산

01 각 지역과 산업별 고용자 수가 다음과 같을 때, **A지역 X산업**과 **B지역 Y산업**의 **입지계수**(LQ)를 올바르게 계산한 것은? (단, 결과값은 소수점 셋째 자리에서 반올림함)

구분		A지역	B지역	전 지역 고용자 수
X산업	고용자 수	100	140	240
	입지계수	(㉠)	1.17	
Y산업	고용자 수	100	60	160
	입지계수	1.25	(㉡)	
고용자 수 합계		200	200	400

① ㉠ : 0.75, ㉡ : 0.83 ② ㉠ : 0.75, ㉡ : 1.33
③ ㉠ : 0.83, ㉡ : 0.75 ④ ㉠ : 0.83, ㉡ : 1.20
⑤ ㉠ : 0.83, ㉡ : 1.33

정답 ③

02 각 지역과 산업별 고용자 수가 다음과 같을 때, **A지역과 B지역에서 입지계수**(LQ)에 따른 **기반산업**의 개수는? (단, 결과값은 소수점 셋째 자리에서 반올림함) ☆ 제32회

구분		A지역	B지역	전 지역 고용자 수
X산업	고용자 수	30	50	80
	입지계수	0.79	?	
Y산업	고용자 수	30	30	60
	입지계수	?	?	
Z산업	고용자 수	30	20	50
	입지계수	?	0.76	
고용자 수 합계		90	100	190

① A지역 : 0개, B지역 : 1개 ② A지역 : 1개, B지역 : 0개
③ A지역 : 1개, B지역 : 1개 ④ A지역 : 1개, B지역 : 2개
⑤ A지역 : 2개, B지역 : 1개

정답 ⑤

02 비율임대차 계산

01 A회사는 분양면적 500m²의 매장을 손익분기점 매출액 이하이면 기본임대료만 부담하고, 손익분기점 매출액을 초과하는 매출액에 대하여 일정 임대료율을 적용한 추가 임대료를 가산하는 비율임대차 방식으로 임차하고자 한다. 향후 1년 동안 A회사가 지급할 것으로 예상되는 연임대료는? (단, 연간 기준임)

- 예상매출액: 분양면적 m²당 20만원
- 기본임대료: 분양면적 m²당 6만원
- 손익분기점 매출액: 5,000만원
- 손익분기점 매출액 초과 매출액에 대한 임대료율: 10%

① 3,200만원
② 3,300만원
③ 3,400만원
④ 3,500만원
⑤ 3,600만원

정답 ④

PART 08

토지경제와 지리경제

Chapter 47 지대 이론
Chapter 48 도시 구조 이론
Chapter 49 공업 입지 이론
Chapter 50 상업 입지 이론
Chapter 51 상업 입지 계산 문제

PART 08 토지경제와 지리경제

제47장 지대 이론

01 차액지대와 절대지대

(리카도) 차액지대론	의미	비옥도에 따른 생산력(수확량) 차이에 의해 발생하는 지대
	가정	• 비옥한 토지의 희소성 • 수확체감의 법칙(수확량에는 일정한 한계가 있다)
	한계	한계지(최열등지)의 지대 발생을 설명하지 못한다.
(마르크스) 절대지대론	의미	소유권에 의해 비옥도와 상관없이 지불되는 지대
	장점	한계지(최열등지)의 지대 발생을 설명할 수 있다.

① **차액지대**란 **비옥도에 따른 토지 생산력의 차이**에 의해 발생되는 지대이다.
② 차액지대설은 지대 발생의 원인으로 **비옥한 토지의 희소성**과 **수확체감의 현상**을 제시하였다.
③ 차액지대설에 따르면 조방적 **한계**의 **토지**에는 지대가 발생하지 않으므로 **무지대**(無地代) 토지가 된다.
④ 차액지대설에 따르면 **지대**는 가격을 구성하는 **비용**이 **아니라** 경제적 **잉여**에 **해당**한다.
⑤ **지대**는 **잉여**이기에 토지생산물의 가격이 높아지면 지대가 높아지고 토지생산물의 가격이 낮아지면 지대도 낮아진다.

⑥ **절대지대**는 토지의 생산성과 무관하게 토지가 개인에 의해 **소유**되는 것으로부터 발생한다.
⑦ 절대지대설에 따르면 토지소유자는 토지를 **소유**하고 있다는 독점적 지위를 이용하여 **최열등지**에도 지대를 요구한다.

02 위치지대와 입찰지대

(튀넨) 위치지대론	의미	위치에 따른 수송비의 차이에 의해 발생하는 지대
	가정	• 위치에 따라 수송비에 차이가 있다. • 위치에 따라 곡물가격과 생산비는 동일하다.
	지대의 발생	(그래프: 생산물 잉여, 운송비, 생산비, 시장가격 / 지대곡선)
	토지이용 형태	(그래프: 우유, 감자, 쌀의 지대지불능력 및 입찰지대곡선)

(알론소) 입찰지대론	배경	튀넨의 농촌 토지 이론을 도시에 적용
	의미	토지이용자가 지불하고자 하는 최대 금액

① **위치지대**란 **위치에 따른 수송비의 차이**에 의해 만들어지는 지대이다.
② 위치지대론은 위치에 따른 **곡물가격**과 평균**생산비**가 **동일**함을 가정한다.
③ 지대는 **외곽으로 갈수록** 수송비가 증가하므로 **지대는 낮고, 중심에 가까울수록** 수송비가 절약되므로 **지대는 높다**.
④ **튀넨**의 **고립국이론**에 의하면 **토지이용의 형태**(농작물의 재배형태)는 **지대지불능력**에 의하여 결정된다.

⑤ **입찰지대**(bid rent)는 기업주의 정상이윤과 투입 생산비를 지불하고 남은 잉여에 해당하며, 토지이용자가 지불하고자 하는 **최대지불용의액**이다.
⑥ 알론소의 **입찰지대곡선**은 도심에서 외곽으로 나감에 따라 **가장 높은 지대**를 지불할 수 있는 각 산업의 지대곡선들을 연결한 것이다.

03 기타 지대이론

(마샬) 준지대	의미	단기에 공급이 제한된 생산요소(기계·기구)의 사용대가
	내용	• 준지대는 토지 이외의 고정생산요소에 귀속되는 소득이다. • 단기에만 나타나는 현상으로 영구적으로 발생되는 것은 아니다.

① **마샬**(A. Marshall)의 **준지대**는 생산을 위해 사람이 만든 **기계**나 **기구**들로부터 얻는 소득이다.

② 준지대는 **토지 이외의 고정생산요소**에 귀속되는 소득으로서 다른 조건이 동일하다면 **영구**적인 성격을 갖는 것은 **아니다**.

③ 마셜(A. Marshall)은 **일시적으로 토지와 유사한 성격을 가지는 생산요소**에 귀속되는 소득을 준지대로 설명하고, **단기적**으로 공급량이 일정한 생산요소에 지급되는 소득으로 보았다.

(파레토) 경제지대	의미	생산요소가 얻는 총소득에서 이전수입(전용수입)을 차감한 부분
	내용	• 이전수입(전용수입)이란 어떤 생산요소가 현재 용도에서 다른 용도로 이전(전용)되지 않기 위해, 지급해야 하는 최소한의 금액이다. • 공급이 비탄력적일수록 경제지대는 증가한다.

① **파레토**(V. Pareto)의 **경제지대**란 생산요소가 얻는 총수익에서 전용수입(또는 이전수입)을 초과하는 부분을 말한다.

② **전용수입**(또는 **이전수입**)이란 어떤 생산요소가 다른 용도로 **전용**되지 않고 현재의 용도에 그대로 사용되도록 지급하는 최소한의 지급액이다.

(헤이그) 마찰비용이론	의미	교통비의 중요성을 강조한 이론
	내용	• 마찰비용은 지대와 교통비로 구성된다. • 중심지에 가까워질수록 교통비가 절약되고 그 결과 지대는 높아진다. • 교통수단이 좋을수록 공간의 마찰은 감소한다.

① 헤이그(R. Haig)의 마찰비용이론에서 **마찰비용**은 **지대**와 **교통비**의 합으로 산정된다.

■ 요약 정리

(리카도)	차액지대론	비옥도 / 가정 2가지(비, 수) / 한계지(지대 없다)
(마르크스)	절대지대론	소유 / 한계지(지대 있다)
(튀넨)	위치지대론	위치에 따른 수송비 / 작물의 재배형태 / 지대지불능력
(알론소)	입찰지대론	튀넨 이론을 승계 / 최대 지불 금액
(마샬)	준지대	단기에 공급이 제한된 생산요소에 대한 대가 / 영구(없다)
(파레토)	경제지대	생산요소의 총소득 − 이전(전용)수입 = 잉여
(헤이그)	마찰비용이론	마찰비용 = 지대 + 교통비

제48장 도시 구조 이론

01 동심원 이론

(버제스) 동심원 이론	의미	도시(시카고 시)는 동심원을 형성하며 모든 방향으로 성장한다.
	배경	튀넨의 토지이용구조를 도시 구조에 적용시킨 이론이다.
	내용	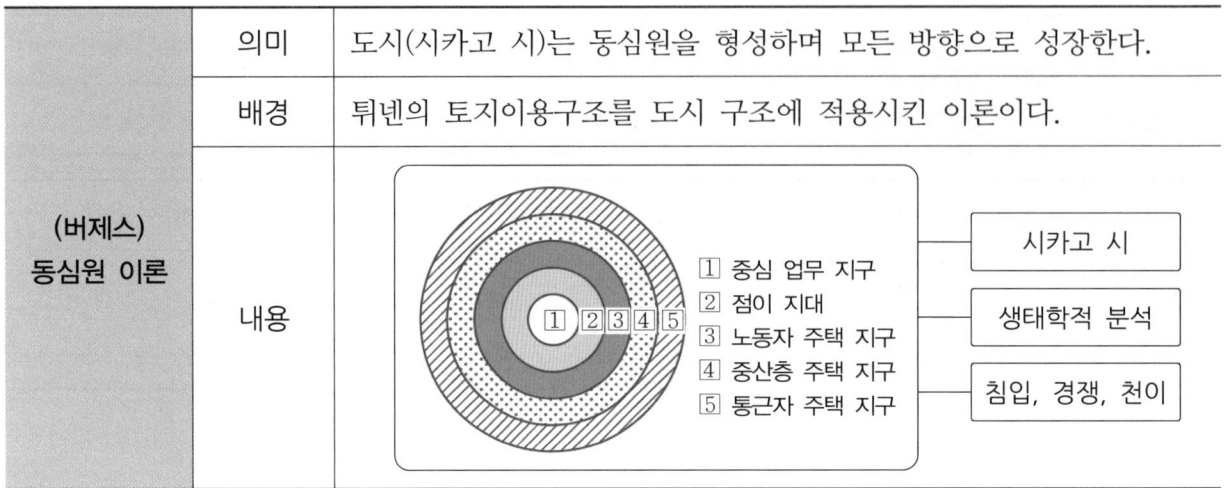

① **동심원 이론**은 20세기 초반 미국 시카고 대학의 **시카고**학파를 중심으로 발전하였으며, 도시의 공간구조를 도시 **생태학적 관점**에서 접근하였다.

② 동심원 이론은 **튀넨의 이론**을 도시 내부 구조에 **적용**하였다.

③ 동심원 이론은 도시의 공간 구조 형성을 **침입, 경쟁, 천이** 등의 과정으로 설명하였다.

④ 도시는 중심지에서 **동심원상**으로 확대되어 성장하는데, **중심업무지구, 점이지대, 노동자주거지대, 중산층주거지대, 통근자주거지대** 등 5개의 지대로 분화된다.

⑤ **점이지대** 또는 **천이지대**는 서로 다른 특성을 가진 두 지역의 사이에 있는 지역으로 두 지역의 특성이 모두 나타나는 지대이다.

⑥ **점이지대**의 **내측**에는 경공업 지구가 있고, **외측**에는 불량주거지대가 나타난다.

⑦ **노동자주거지대**란 천이지대 또는 점이지대에서 이주한 주민들이 거주하는 지대로 주로 중심지역에 직장을 가진 저소득층의 근로자들이 거주하는 지대이다.

02 선형 이론

(호이트) 선형 이론	의미	주거지는 도심의 주요 간선도로를 따라 소득계층별로 형성된다.
	내용	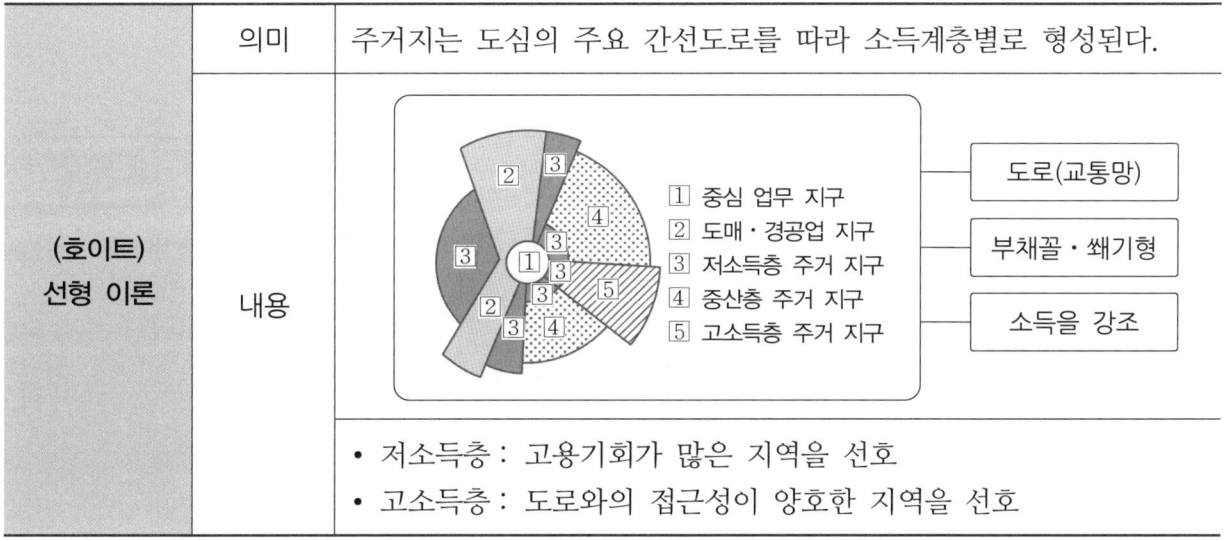 • 저소득층 : 고용기회가 많은 지역을 선호 • 고소득층 : 도로와의 접근성이 양호한 지역을 선호

① **선형 이론**은 도시는 자연적 장애물과 인공적 장애물이 가장 적은 방향으로 확장되고, 그 결과 주택지는 도심의 주요 **간선도로망을 따라 소득계층별로 형성된다**고 한다.
② **선형 이론**에 의하면 도시공간구조의 성장과 지역분화에 있어 중심업무지구로부터 **주요 교통노선**을 따라 **쐐기형**(wedge)지대 모형으로 확대 배치된다.

③ **주택가격의 지불능력**(소득)이 도시주거공간의 유형을 결정하는 중요한 요인이다.
④ **선형 이론**에 의하면 **고소득층**의 주거지는 주요 교통노선을 축으로 하여 **접근성이 양호한 지역에 입지**하는 경향이 있다.

03 다핵심 이론

(해리스·울만) 다핵심 이론	의미	도시의 구조는 수 개의 핵을 중심으로 형성되는 다핵 구조이다.
	특징	기능이 다양한 현대 도시의 특징이다.
	다핵의 발생 원인	• 동종 활동의 집적 • 이종 활동의 분산 • 특정 위치의 요구 • 지대지불능력의 차이

① 해리스와 울만은 **도시 내부 구조는 수 개의 핵을 중심으로 형성**되는 다핵 구조로 파악되어야 한다고 주장하였다.
② 다핵심 이론에서 제시한 핵의 성립요건에는 **동종 활동의 집적, 이종 활동의 분산** 등이 있다.

제49장 공업 입지 이론

01 최소비용이론

(베버) 최소비용이론	의미	비용이 최소인 지점이 공장의 최적 입지이다.
	내용	• 베버는 산업입지에 영향을 주는 요인으로 수송비, 노동비, 집적이익을 들었으며, 그중 가장 중요한 요인은 수송비라고 주장하였다. • 베버는 최소 수송비 지점, 노동비 절약의 지점, 집적이익이 가장 큰 지점 등을 차례로 분석하여 전체 생산비가 최소가 되는 지점이 최적 입지라고 하였다. (단위: 원) • K: 소비시장 • M_1, M_2: 원료 산지 • P: 최소 운송비 지점 • L_1, L_2: 단위 제품당 노동비가 P보다 3,000원 저렴한 지점
	원료지수	• 제품의 중량에 대한 편재 원료의 중량 비율 $$원료지수 = \frac{편재(국지) \ 원료 \ 중량}{제품 \ 중량}$$ • 원료지수 > 1: 원료가 무거운 산업, (제품)중량감소산업 • 원료지수 < 1: 원료가 가벼운 산업, (제품)중량증가산업

① **베버**는 **최소 비용으로 제품을 생산할 수 있는 장소**가 최적의 공업입지라고 주장하였다.

② 베버는 산업입지에 영향을 주는 요인으로 **수송비, 노동비** 및 **집적이익**을 들었으며, 그중 **가장 중요한 요인은 수송비라고 주장하였다**.

③ 베버의 최소비용이론에서는 노동비, 운송비, 집적이익 가운데 **운송비**를 최적입지 결정에 가장 **우선적**으로 **검토**한다.

④ **등비용선**은 최소수송비 지점으로부터 기업이 입지를 바꿀 경우, 이에 따른 **추가적인 수송비 부담액**이 **동일**한 지점을 연결한 곡선이다.

⑤ 베버는 운송비의 관점에서 특정 공장이 원료지향적인지 또는 시장지향적인지 판단하기 위해 **원료지수**(material index)를 사용하였다.

02 베버 이론의 수정 및 보완

(뢰쉬) 최대수요이론	의미	수요가 최대인 지점이 최적의 공업입지이다.
	내용	• 뢰쉬는 최소비용이론을 부정하고 총소득, 즉 수요를 최대로 할 수 있는 지점을 강조하였다. • 뢰쉬는 수요 측면에서 기업은 시장 확대 가능성이 가장 높은 지점에 위치해야 한다고 보았다.
통합 이론	의미	이윤이 가장 최대인 지점이 최적의 공업입지이다.
	내용	• 아이사드 : 대체원리를 결합 • 스미스 : 준최적 입지 개념 • 그린헛

① **뢰쉬**는 **수요**를 변수로 입지이론을 전개시킨 최초의 학자로서 최소비용이론을 부정하고 **총소득이 최대가 되는 지점**, 즉 **수요를 최대로 하는 지점**을 강조하였다.
② **뢰쉬**는 **수요 측면**의 입장에서 기업은 **시장 확대 가능성이 가장 높은 지점**에 위치해야 한다고 보았다.

③ **아이사드**는 입지를 선정할 때 각 후보지역이 가지고 있는 최소비용 요인을 대체함으로써 최적 입지가 달라질 수 있다는 **대체원리**를 입지이론에 적용하였다.
④ **스미스**의 비용·수요 통합 이론에서는 이윤을 창출할 수 있는 공간한계 내에서는 어디든지 입지할 수 있다는 **준최적 입지** 개념을 강조한다.

03 참고

구분	원료지향형	시장지향형
의미	원료산지에 입지해야 유리한 공장	시장에 입지해야 유리한 공장
특징	• 원료가 무거운 산업 • 원료 수송비가 많은 산업 • 원료지수가 1보다 큰 산업 • 중량감소산업 • 국지원료를 많이 사용하는 산업 • 원료의 부패가 심한 산업	• 제품이 무거운 산업 • 제품 수송비가 많은 산업 • 원료지수가 1보다 작은 산업 • 중량증가산업 • 보편원료를 많이 사용하는 산업 • 중간재나 완제품을 생산하는 산업

※ 기술연관성이 높은 산업들이 원료산지나 시장에 함께 입지함으로써 비용을 절감하려는 입지 형태는 **집적지향형** 입지이다.

제50장 상업 입지 이론

01 크리스탈러의 중심지 이론

용어 정리		
	중심지	재화와 서비스를 제공하는 지역
	배후지(보완지역)	재화와 서비스를 제공받는 지역
	최소요구치	중심지가 존속하기 위해 필요한 최소한의 수요(고객) 규모
	최소요구치 범위	최소요구치가 존재하는 범위
	재화의 도달 범위	중심지 기능이 미치는 한계 거리

① **중심지**란 배후지에 재화와 서비스를 제공**하는** 지역이다.
② **배후지**란 중심지에 의해 재화와 서비스를 제공**받는** 주변 지역이다.
③ **최소요구치 범위**란 판매자가 **정상이윤**을 얻을 만큼의 소비자들을 포함하는 **거리**이다.
④ **재화의 도달 범위**란 중심지 활동이 제공되는 공간적 한계로서 중심지로부터 상업기능에 대한 **수요가 '0'**이 되는 지점까지의 **거리**를 말한다.

내용		
	중심지의 생성 조건	최소요구치 범위 < 재화의 도달 범위
	중심지 계층	• 고차 중심지 : 수는 적고, 중심지 간의 거리는 멀다. • 저차 중심지 : 수는 많고, 중심지 간의 거리는 짧다.

① 크리스탈러에 의하면 중심지가 형성되기 위해서는 **최소요구치 범위**가 항상 **재화의 도달 범위 내**에 있어야 한다.

② 크리스탈러(W. Christaller)는 공간적 **중심지의 크기**에 따라 **상권의 규모**가 달라진다는 것을 실증하였다.
③ 크리스탈러는 재화와 서비스에 따라 **중심지가 계층화**되며 서로 다른 크기의 도달범위와 최소요구범위를 가진다고 보았다.
④ 일반적으로 **고차 중심지**의 수는 적고, 고차 중심지 상호 간의 간격은 넓다.
⑤ 일반적으로 **저차 중심지**의 수는 많고, 저차 중심지 상호 간의 간격은 좁다.

02 중력 모형

(레일리) 소매인력법칙	의미	레일리의 유인력 = $\dfrac{\text{크기(인구수, 매장면적)}}{\text{거리}^2}$
	내용	어떤 지역에 중심지가 미치는 영향(유인력)은 중심지 크기에 비례하고, 중심지까지의 거리 제곱에 반비례한다.
(허프) 확률 모형	의미	허프의 유인력 = $\dfrac{\text{크기(인구수, 매장면적)}}{\text{거리}^k}$ k : 마찰계수
	내용	고객이 매장을 방문할 확률은 1. 점포의 면적이 클수록 증가한다. 2. 경쟁 점포 수가 많을수록, 점포와의 거리가 멀어질수록 감소한다.

① **레일리**(W. Reilly)의 **소매인력법칙**에 의하면 두 개 도시의 상거래흡인력은 두 도시의 **크기**에 **비례**하고 **거리의 제곱**에 **반비례**하여 배분된다.

② **허프**(D. Huff)는 상권에 영향을 주는 근본적인 요인은 **소비자의 구매행태**라고 하고, 이러한 구매행태를 기본으로 **확률 모형**을 제시하였다.
③ 허프는 소비자들의 특정 상점의 구매를 설명할 때 실측거리, 시간거리, 매장규모와 같은 공간 **요인뿐만 아니라** 효용이라는 비공간 **요인도** 고려하였다.
④ **허프의 확률 모형**으로 한 지역에서 각 상점의 **시장점유율**을 간편하게 추산할 수 있다.
⑤ 교통수단이 발달할수록 **마찰계수**의 값은 **감소**한다.
⑥ **전문품점**(자전거점, 명품점 등)의 경우는 일상용품점보다 **마찰계수가 작다**.

(컨버스) 분기점 모형	배경	레일리의 모형을 수정
	의미	두 경쟁지역 사이의 상권의 경계, 즉 분기점을 찾는 모형
	내용	$D_a = \dfrac{D_{ab}}{1+\sqrt{\dfrac{P_b}{P_a}}}$ $D_b = \dfrac{D_{ab}}{1+\sqrt{\dfrac{P_a}{P_b}}}$ P : 인구 D : 거리

⑦ **컨버스**(P. Converse)는 경쟁관계에 있는 두 소매시장 간 **상권의 경계지점**을 확인할 수 있도록 소매중력모형을 수정하였다.

03 소매 입지 이론

(1) 자주 출제되는 내용

① 만일 **A도시**가 B도시보다 **더 크다면** 상권의 경계는 **B도시(작은 도시)**에 보다 가깝게 결정될 것이다.

② **넬슨**의 **소매 입지 이론**은 특정 점포가 최대 이익을 얻을 수 있는 매출액을 확보하기 위해서는 **어떤 장소에 입지하여야 하는지**를 제시하였다.

(2) 입지 특성에 따른 상점의 구분

집심성 점포	의미	배후지의 중심에 입지하는 것이 유리한 점포
	유형	도매점, 고급음식점, 대형서점, 영화관, 귀금속점 등
집재성 점포	의미	동일 업종의 점포끼리 서로 모여야 유리한 유형의 점포
	유형	은행, 보험회사, 관공서, 사무실, 기계점, 가구점, 서점 등
산재성 점포	의미	동일 업종의 점포끼리 서로 분산해야 유리한 유형의 점포
	유형	잡화점, 이발소, 목욕탕, 세탁소, 기타 일용품을 취급하는 점포
국부적 집중성 점포	의미	동일 업종의 점포끼리 국부적 중심에 입지해야 유리한 점포
	유형	농기구점, 석재점, 철공소, 비료상점, 종묘점, 어구점 등

(3) 상품에 따른 상점의 구분(구매 습관)

편의품점	의미	일상적으로 구매와 소비를 반복하는 상품
	특징	산재성 점포의 유형
선매품점	의미	여러 상품을 비교하고 선별한 후에 구매하는 상품
	유형	집재성 점포의 유형
전문품점	의미	상표 또는 점포의 신용과 명성에 따라 구매하는 상품
	유형	접근성이 중요하지 않은 유형

제51장 상업 입지 계산 문제

01 레일리와 허프모형 계산

01 레일리(W. Reilly)의 소매인력법칙을 적용할 경우, 다음과 같은 상황에서 ( )에 들어갈 숫자로 옳은 것은?

- 인구가 1만명인 A시와 5천명인 B시가 있다. A시와 B시 사이에 인구 9천명의 신도시 C가 들어섰다. 신도시 C로부터 A시, B시까지의 직선거리는 각각 1km, 2km이다.
- 신도시 C의 인구 중 비구매자는 없고 A시, B시에서만 구매활동을 한다고 가정할 때, 신도시 C의 인구 중 A시로의 유인 규모는 (㉠)명이고, B시로의 유인 규모는 (㉡)명이다.

① ㉠ : 6,000 ㉡ : 3,000
② ㉠ : 6,500 ㉡ : 2,500
③ ㉠ : 7,000 ㉡ : 2,000
④ ㉠ : 7,500 ㉡ : 1,500
⑤ ㉠ : 8,000 ㉡ : 1,000

정답 ⑤

02 허프(D. Huff)모형을 활용하여 X지역의 주민이 할인점 A를 방문할 확률과 할인점 A의 월 추정매출액을 순서대로 나열한 것은?

- X지역의 현재 주민 : 4,000명
- 1인당 월 할인점 소비액 : 35만원
- 공간마찰계수 : 2
- X지역의 주민은 모두 구매자이고, A, B, C 할인점에서만 구매한다고 가정

구분	할인점 A	할인점 B	할인점 C
면적	500m²	300m²	450m²
X지역 거주지로부터의 거리	5km	10km	15km

① 80%, 10억 9,200만원
② 80%, 11억 2,000만원
③ 82%, 11억 4,800만원
④ 82%, 11억 7,600만원
⑤ 82%, 12억 400만원

정답 ②

02 컨버스의 분기점 모형 계산

01 컨버스(P. Converse)의 분기점모형에 따르면 상권은 거리의 제곱에 반비례하고 인구에 비례한다. 다음의 조건에서 A, B 도시의 **상권 경계지점**은 A시로부터 얼마나 떨어진 곳에 형성되는가?

★ 제30회

- A시의 인구 : 16만명
- B시의 인구 : 4만명
- 두 도시 간의 거리 : 15km
- 두 도시의 인구는 모두 구매자이며, 두 도시에서만 구매함

① 8km ② 9km
③ 10km ④ 11km
⑤ 12km

정답 ③

PART 09

감정평가론

Chapter 52 감정평가의 이해
Chapter 53 지역분석과 개별분석
Chapter 54 부동산 가격 원칙
Chapter 55 감정평가에 관한 규칙
Chapter 56 감정평가 방식
Chapter 57 가액을 산정하는 방법
Chapter 58 임대료 산정, 시산가액의 조정
Chapter 59 물건별 주된 평가방법
Chapter 60 감정평가론 계산 문제

PART 09 감정평가론

제52장 감정평가의 이해

01 감정평가의 의미

정의	감정평가란 토지등의 경제적 가치를 판정하여 그 결과를 가액(價額)으로 표시하는 것을 말한다(감정평가 및 감정평가사에 관한 법률 제2조).
사례	• 담보 평가 : 부동산 가치 × 50% = 대출금액 • 경매 평가 : 부동산 가치 × 80% = 최저입찰가격 • 보상 평가 : 부동산 가치 × 120% = 보상금액

02 가치와 가격

(1) 가치와 가격의 구별

가치 (Value)	의미	• 재화의 쓸모 있음의 정도 • 장래 기대되는 이익을 현재가치로 환원한 값
	특징	• 주관적 · 추상적 개념 • 현재의 값 • 일정 시점에 다양하게 존재
가격 (Price)	의미	시장에서 재화가 실제 거래된 금액
	특징	• 객관적 · 구체적 개념 • 과거의 값 • 일정 시점에 하나만 존재

① **가치**는 "부동산으로부터 **장래 기대**되는 유 · 무형의 **편익을 현재가치로 환원한 값**"이다.
② **가격**은 가치가 시장을 통해 **화폐단위**로 구현된 것이다.

③ **가치**는 사람에 따라 달라지는 **주관적 · 추상적**인 개념이고, **가격**은 가치가 시장을 통하여 화폐단위로 구현된 **객관적 · 구체적**인 개념이다.
④ **가치**는 **현재의 값**이고, **가격**은 실제 거래된 금액으로 **과거의 값**이다.
⑤ **가치**는 일정 시점에 **다양하게 존재**하지만, **가격**은 일정 시점에 **하나만 존재**한다.

(2) 다양한 가치

교환가치	시장에서 교환을 목적으로 형성되는 가치
사용가치	특정한 이용을 전제로 하는 사용자의 주관적 가치
투자가치	부동산에 대해 투자자가 부여하는 주관적 가치
담보가치	은행이 대출금액을 산정하기 위해 결정하는 가치
공익가치	보존과 같은 공공목적에 제공되는 경우에 형성되는 가치

03 가치발생요인

의미		부동산을 얻기 위해서 대가를 지불해야만 하는 이유
가치발생요인	효용	인간의 필요나 욕구를 만족시켜 줄 수 있는 재화의 능력
	상대적 희소성	인간의 욕구에 비해 재화의 양이 상대적으로 부족한 현상
	유효수요	구매력 또는 지불능력을 갖춘 수요
		일부 학자는 '권리의 이전 가능성'을 추가하기도 함

① **효용**은 **인간의 필요나 욕구를 만족시켜 줄 수 있는 재화의 능력**을 의미한다.
② 부동산의 **효용**은 주거지는 쾌적성, 상업지는 수익성, 공업지는 생산성으로 표현된다.
③ **상대적 희소성**이란 부동산 수요에 비해 공급이 **상대적**으로 부족한 상태이다.
④ **유효수요**란 대상 부동산을 구매하고자 하는 욕구로 **지불능력(구매력)을 갖춘 수요**이다.
⑤ 일부 학자는 **이전성** 또는 **권리의 이전 가능성**을 가치발생요인에 **포함**하기도 한다.

04 가치형성요인

의미		가치형성요인이란 대상 물건의 경제적 가치에 영향을 미치는 일반 요인, 지역 요인 및 개별 요인 등을 말한다(감정평가에 관한 규칙).
가치형성요인	일반 요인	우리나라가 가지고 있는 일반적 특성
	지역 요인	부동산이 속한 지역이 가지고 있는 특성
	개별 요인	개별 부동산이 가지고 있는 특성

제53장 지역분석과 개별분석

01 지역분석

의미	가치형성요인 중 지역 요인을 분석하여, 지역 내 부동산의 표준적 이용과 지역의 가격수준을 판정하는 활동	
내용	목적	• 표준적 이용 • 지역의 가격수준
	특징	거시적·전체적·광역적 분석
	활용	• 적합의 원칙 • 경제적 감가(외부적 감가)
	\[불행 APT 단지 - 유사지역 / 행복동 / 행복 APT 단지 - 인근지역, 대상물건:, 기준시점: / 동일수급권\]	
대상 지역	인근지역	• 대상이 속한 지역 • 지역 요인을 공유하는 지역
	유사지역	• 대상이 속하지 않은 지역 • 인근지역과 유사한 특성을 갖는 지역
	동일수급권	동일 시장 권역

① **인근지역**은 감정평가의 **대상이 된 부동산이 속한 지역**으로서 부동산의 이용이 동질적이고 가치형성요인 중 **지역 요인**을 공유하는 지역이다(감칙).
② **유사지역**은 **대상 부동산이 속하지 아니하는 지역**으로서 **인근지역과 유사한 특성을 갖는 지역**이다(감칙).
③ **동일수급권**은 대상 부동산과 대체·경쟁 관계가 성립하고 가치형성에 서로 영향을 미치는 다른 부동산이 존재하는 권역으로, 인근지역과 유사지역을 **포함**하는 광역적인 권역이다(감칙).

02 개별분석

의미		가치형성요인 중 개별 요인을 분석하여, 대상 부동산의 최유효이용과 개별적·구체적 가격을 판정하는 활동
내용	목적	최유효이용 / 개별적·구체적 가격
	특징	미시적·부분적·국지적 분석
	활용	균형의 원칙 / 기능적 감가(내부적 감가)

① **지역분석**은 해당 지역의 **표준적 이용**의 장래 동향을 명백히 하고, **개별분석**은 해당 부동산의 **최유효이용**을 판정한다.
② **지역분석**은 그 **지역에 속하는 부동산의 가격수준**을 판정하는 과정이고, **개별분석**은 **개별 부동산의 구체적 가격**을 판정하는 과정이다.
③ **지역분석**은 지역적·**거시적**인 개념이고, **개별분석**은 부분적·**미시적** 개념이다.
④ **지역분석**은 개별분석 **전**에 이루어지는 것이 일반적이다.

03 인근지역의 생애주기

단계	특징
성장기	• 지역의 개발과 함께 지역 기능이 새롭게 형성되는 시기이다. • 지가상승률이 최고인 시기이다.
성숙기	• 개발이 완료됨에 따라 지역 기능이 안정되는 시기이다. • 지가 수준 및 지역 기능이 최고인 시기이다.
쇠퇴기	• 시간이 흐름에 따라 지역의 건물이 점차 노후화되는 시기이다. • 건물이 노후화되어, 관리비·유지비가 급격히 증가하는 시기이다. • 하향여과가 시작되는 시기이다.
천이기	• 유지·수선이 지연되어 부동산의 쇠퇴현상이 가속화되는 시기이다. • 하향여과 현상이 활발하게 이루어지면 지가가 일시적으로 상승한다. • 천이기에 재개발이 이루어지면 악화기가 도래하지 않을 수 있다.
악화기	• 슬럼화 직전의 단계이다. • 어울리지 않는 토지이용, 반달리즘, 부동산의 방기 등이 발생한다.

제54장 부동산 가격 원칙

01 토대가 되는 원칙

변동의 원칙	의미	부동산 가격은 끊임없이 변동한다.
	활용	기준시점 확정의 근거 / 시점수정의 근거
예측의 원칙		
대체의 원칙	의미	부동산 가격은 다른 부동산과의 상호작용으로 결정된다.
	활용	감정평가 3방식의 근거 / 거래사례비교법의 근거
경쟁의 원칙		

02 외부 원칙

적합의 원칙	의미	부동산의 유용성이 최고가 되기 위해서는 외부환경과 적합하여야 한다.
	활용	지역분석 / 경제적 감가
외부성의 원칙		

03 내부 원칙

균형의 원칙	의미	부동산의 유용성이 최고가 되기 위해서는 내부에 균형이 있어야 한다.
	활용	개별분석 / 기능적 감가
기여의 원칙	의미	부동산 가격은 각 구성요소의 기여도에 의해 결정된다.
	활용	• 추가 투자의 적정성 판단 여부 • 인근 토지의 매수·합병, 기존 건물의 증축
수익배분의 원칙	의미	토지에 귀속되는 수익은 다른 생산요소에 배분되고 남은 잔여수익이 배분된다.
	활용	수익방식 중 잔여법의 근거

(1) 변동의 원칙 / 예측의 원칙

① 감정평가에 있어서 **기준시점이 중요시되는 이유**는 **변동의 원칙**으로 설명된다.

② **예측의 원칙**에 의하면 부동산의 가격은 과거와 현재의 이용에 의해 결정되는 것이 아니라 '**장래 어떻게 이용**될 것인가'에 대한 예측에 의해 결정된다.

(2) 적합의 원칙 / 균형의 원칙

① **적합의 원칙**이란 부동산의 유용성이 최고로 발휘되기 위해서는 부동산은 **외부환경과 적합**하여야 함을 강조한다.
② **균형의 원칙**은 내부적 관계의 원칙으로 부동산의 **내부 구성요소 결합에 균형**이 있어야 함을 강조한다.
③ **개별분석**은 **균형의 원칙** 및 **기능적 감가**와 관련이 있다.
④ **지역분석**은 **적합의 원칙** 및 **경제적 감가**와 관련이 있다.

⑤ 복도의 천장 높이를 과대 개량한 전원주택이 냉·난방비 문제로 시장에서 선호도가 떨어진다. 이 사례는 **균형의 원칙**으로 설명할 수 있다.

⑥ 서민들이 거주하는 단독주택지역인 A지역에 개발업자가 고급주택을 건축하자, 고급주택의 가격이 건축비용에도 미치지 못하였다. 이 사례는 **적합의 원칙**으로 설명할 수 있다.

(3) 대체의 원칙 / 경쟁의 원칙 / 기여의 원칙

① 대체성 있는 2개 이상의 재화가 존재할 때, 그 **재화의 가격은 서로 관련되어 이루어진다**는 원칙은 **대체의 원칙**으로 설명된다.
② **효용이 유사하면 가격이 낮은 재화가 선택**되고, 가격이 유사하다면 효용이 높은 재화가 선택된다는 것은 **대체의 원칙**으로 설명할 수 있다.
③ **대체의 원칙**은 **거래사례비교법의 이론적 근거**를 제공한다.

④ 부동산의 **초과이윤은 경쟁**을 야기하고, 경쟁은 다시 초과이윤을 감소시키면서 부동산의 적정가격은 만들어진다. 이를 **경쟁의 원칙**이라고 한다.

⑤ **부동산의 전체 가격은** 부동산 구성 부분의 생산비에 의해 결정되는 것이 아니라 **구성 부분의 기여도에 의해 결정**된다. 이를 **기여의 원칙**이라고 한다.
⑥ **기여의 원칙**은 인근 토지를 매수·합필하거나 기존 건물을 증축하는 경우 등 **추가 투자의 적부를 판단하는 기준**으로 활용된다.

제55장 감정평가에 관한 규칙

01 감정평가의 원칙

기준시점 기준	① **기준시점**이란 대상 물건의 감정평가액을 결정하는 **기준**이 되는 **날짜**를 말한다. ② **기준시점**은 대상 물건의 **가격조사를 완료한 날짜**로 한다. 다만, 기준시점을 미리 정하였을 때에는, 그 날짜에 **가격조사**가 가능한 경우에만 기준시점으로 할 수 있다.
시장가치 기준 (제5조)	① **기준가치**란 감정평가의 **기준**이 되는 **가치**를 말한다. ② 대상 물건에 대한 감정평가액은 **시장가치**를 기준으로 결정한다. ③ **시장가치**란 대상 물건이 **통상적인 시장**에서 충분한 기간 동안 거래를 위하여 공개된 후 그 대상 물건의 내용에 정통한 당사자 사이에 신중하고 자발적인 거래가 있을 경우 **성립될 가능성이 가장 높다고 인정되는 가액**을 말한다. ④ 감정평가법인 등은 다음 어느 하나에 해당하는 경우에는 대상 물건의 감정평가액을 **시장가치 외의 가치**를 기준으로 결정**할 수 있다**. 　1. 법령에 다른 규정이 있는 경우 　2. 감정평가 의뢰인이 요청하는 경우 　3. 사회통념상 필요하다고 인정되는 경우 ⑤ 감정평가법인 등은 시장가치 외의 가치를 기준으로 감정평가할 때에는 다음 각 호의 사항을 **검토해야 한다**. 　1. 해당 시장가치 외의 가치의 성격과 특징 　2. 시장가치 외의 가치를 기준으로 하는 감정평가의 합리성 및 적법성
현황 기준 (제6조)	① 감정평가는 **기준시점**에서의 대상 물건의 **이용상황**(불법적이거나 일시적인 이용은 제외한다) 및 **공법상 제한**을 **받는 상태**를 기준으로 한다. ② 감정평가법인 등은 다음 어느 하나에 해당하는 경우에는 기준시점의 가치형성요인 등을 실제와 다르게 가정하거나 특수한 경우로 한정하는 **조건**을 붙여 감정평가**할 수 있다**. 　1. 법령에 다른 규정이 있는 경우 　2. 의뢰인이 요청하는 경우 　3. 사회통념상 필요하다고 인정되는 경우 ③ 감정평가법인 등은 감정평가조건을 붙일 때에는 감정평가조건의 합리성, 적법성 및 실현가능성을 **검토해야 한다**.

개별물건 기준 (제7조)	① 감정평가는 대상 물건마다 **개별**로 하여야 한다. ② **둘 이상**의 **대상 물건**이 일체로 거래되거나 대상 물건 상호 간에 용도상 불가분의 관계가 있는 경우에는 **일괄**하여 감정평가할 수 있다. ③ **하나**의 **대상 물건**이라도 가치를 달리하는 부분은 이를 **구분**하여 감정평가할 수 있다. ④ **일체로 이용되고 있는** 대상 물건의 **일부분**에 대하여 감정평가하여야 할 특수한 목적이나 합리적인 이유가 있는 경우에는 그 **부분**에 대하여 감정평가할 수 있다.

02 감정평가의 절차

감정평가 절차
(제8조)
	① 감정평가법인 등은 **다음 각 호의 순서에 따라 감정평가를 해야 한다**. 다만, 합리적이고 능률적인 감정평가를 위하여 필요할 때에는 **순서를 조정할 수 있다**.
	  1. 기본적 사항의 확정
	  2. 처리계획 수립
	  3. 대상 물건 확인
	  4. 자료수집 및 정리
	  5. 자료검토 및 가치형성요인의 분석
	  6. 감정평가방법의 선정 및 적용
	  7. 감정평가액의 결정 및 표시

기본적 사항의
확정(제9조)
	① 감정평가법인 등은 감정평가를 의뢰받았을 때에는 의뢰인과 협의하여 **다음 각 호의 사항을 확정해야 한다**.
	  1. 의뢰인
	  2. 대상 물건
	  3. 감정평가 목적
	  4. 기준시점
	  5. 감정평가조건
	  6. 기준가치
	  7. 관련 전문가에 대한 자문 또는 용역에 관한 사항
	  8. 수수료 및 실비에 관한 사항
	② 감정평가법인 등은 필요한 경우 관련 전문가에 대한 **자문 등을 거쳐 감정평가할 수 있다**.

대상 물건의 확인(제10조)	① 감정평가법인 등이 감정평가를 할 때에는 **실지조사**를 하여 대상 물건을 **확인해야 한다.**
	② 감정평가법인 등은 제1항에도 불구하고 다음 어느 하나에 해당하는 경우로서 실지조사를 하지 않고도 객관적이고 신뢰할 수 있는 자료를 충분히 확보할 수 있는 경우에는 **실지조사를 하지 않을 수 있다.**
	  1. 천재지변, 전시·사변, 법령에 따른 제한 및 물리적인 접근 곤란 등으로 실지조사가 불가능하거나 매우 곤란한 경우
	  2. 유가증권 등 대상 물건의 특성상 실지조사가 불가능하거나 불필요한 경우

(1) 감정평가의 절차(감정평가 실무기준)

① **처리계획의 수립**이란 대상 물건의 확인에서 감정평가액의 결정 및 표시에 이르기까지 일련의 작업 과정에 대한 계획을 수립하는 절차를 말한다.

② **대상 물건의 확인**이란 다음 각 호의 절차를 말하며, 대상 물건을 감정평가할 때에는 실지조사를 하기 전에 사전조사를 통해 필요한 사항을 조사한다.
  1. **사전조사** : 실지조사 전에 감정평가 관련 구비서류의 완비 여부 등을 확인하고, 대상 물건의 공부 등을 통해 토지 등의 물리적 조건, 권리상태, 위치, 면적 및 공법상의 제한내용과 그 제한 정도 등을 조사하는 절차
  2. **실지조사** : 대상 물건이 있는 곳에서 대상 물건의 현황 등을 직접 확인하는 절차

③ **자료수집 및 정리**란 대상 물건의 물적사항·권리관계·이용상황에 대한 분석 및 감정평가액 산정을 위해 필요한 **확인 자료·요인 자료·사례 자료** 등을 수집하고 정리하는 절차를 말한다.

---

① **등기부, 토지 대장** 등 대상 물건을 확인할 수 있는 자료는 **확인 자료**이다.
② 일반요인 자료, 지역요인 자료, 개별요인 자료 등은 **요인 자료**이다.
③ 감정평가 **3방식**을 적용하기 위한 거래사례, 원가사례, 수익사례 등은 **사례 자료**이다.

(2) 감정평가의 분류

① **공인 평가**란 국가로부터 자격을 부여받은 자가 행하는 평가이다.
② **참모 평가**란 평가주체가 대중을 위해 서비스를 제공하는 것이 아니라, 그들의 고용주 또는 고용 기관을 위해 행하는 평가이다.
③ **조건부 평가**란 장래 불확실한 조건을 상정하고, 그 조건의 성취를 전제로 행하는 평가이다.
④ **소급 평가**란 과거 특정시점을 기준시점으로 행하는 평가이다.
⑤ **기한부 평가**란 미래 특정시점을 기준시점으로 행하는 평가이다.

제56장 감정평가 방식

01 감정평가 방식의 구분

(1) 3방식 6방법

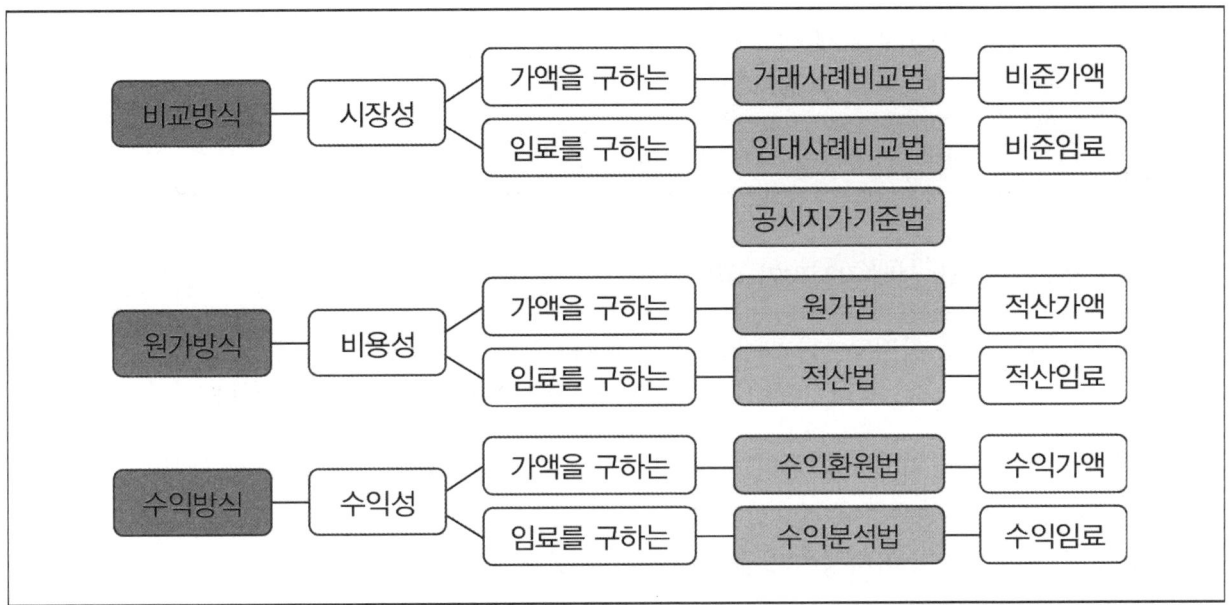

(2) 감정평가 방식(감정평가에 관한 규칙 제11조)

① 원가방식 : **원가법** 및 **적산법** 등 **비용성**의 원리에 기초한 감정평가방식

② 비교방식 : **거래사례비교법, 임대사례비교법** 등 **시장성**의 원리에 기초한 감정평가방식 및 **공시지가기준법**

③ 수익방식 : **수익환원법** 및 **수익분석법** 등 **수익성**의 원리에 기초한 감정평가방식

(3) 방법의 구분

가액을 산정하는 방법	임대료를 산정하는 방법
• 거래사례비교법(비준가액) • 원가법(적산가액) • 수익환원법(수익가액)	• 임대사례비교법(비준임료) • 적산법(적산임료) • 수익분석법(수익임료)

제57장 가액을 산정하는 방법

01 거래사례비교법

정의	대상 물건과 가치형성요인이 같거나 비슷한 물건의 거래사례와 비교하여 대상 물건의 현황에 맞게 사정보정, 시점수정, 가치형성요인 비교 등의 과정을 거쳐 대상 물건의 가액을 산정하는 감정평가방법
수식	거래사례 거래가격 × (사, 시, 지, 개) = 비준가액

(1) 거래사례의 수집 및 선택(감정평가 실무기준)

> ① 거래사례비교법으로 감정평가할 때에는 거래사례를 수집하여 적정성 여부를 검토한 후 다음 각 호의 요건을 모두 갖춘 하나 또는 둘 이상의 **적절한 사례를 선택**하여야 한다.
>
> 1. 거래 사정이 정상이라고 인정되는 사례나 정상적인 것으로 보정이 가능한 사례
> 2. 기준시점으로 시점수정이 가능한 사례
> 3. 대상 물건과 위치적 유사성이나 물적 유사성이 있어 지역요인·개별요인 등 가치형성요인의 비교가 가능한 사례

(2) 시점수정(감정평가 실무기준)

> ① 거래사례의 거래시점과 대상 물건의 기준시점이 불일치하여 가격수준의 변동이 있을 경우에는 **거래사례의 가격**을 **기준시점의 가격수준**으로 **시점수정**하여야 한다.
>
> ② **시점수정**은 **사례물건**의 **가격 변동률**로 한다.
>
> 다만, 사례물건의 가격 변동률을 구할 수 없거나 사례물건의 가격 변동률로 시점수정하는 것이 적절하지 않은 경우에는 지가변동률·건축비지수·임대료지수·생산자물가지수·주택가격동향지수 등을 고려하여 가격 변동률을 구할 수 있다.

02 공시지가기준법

정의	대상 토지와 가치형성요인이 같거나 비슷하여 유사한 이용가치를 지닌다고 인정되는 표준지공시지가를 기준으로 대상 토지의 현황에 맞게 시점수정, 지역요인 및 개별요인 비교, 그 밖의 요인의 보정을 거쳐 대상토지의 가액을 산정하는 감정평가방법
수식	표준지공시지가 × (시, 지, 개, 그 밖의 요인) = 토지가액
특징	• 거래사례 대신 표준지공시지가를 기준으로 한다. • 사정보정 절차가 없다. • 지가변동률, 생산물가지수로 시점수정을 한다.

(1) 공시지가기준법(감정평가에 관한 규칙)

① **비교표준지 선정** : **인근지역**에 있는 표준지 중에서 대상 토지와 용도지역·이용상황·주변환경 등이 같거나 비슷한 표준지를 선정할 것

다만, 인근지역에 적절한 표준지가 없는 경우에는 **동일수급권 안**의 **유사지역**에 있는 표준지를 선정할 수 있다.

② **시점수정** : 비교표준지가 있는 시·군·구의 같은 **용도지역 지가변동률**을 적용할 것

 1. **같은 용도지역의 지가변동률**을 적용하는 것이 불가능하거나 적절하지 아니하다고 판단되는 경우에는 **공법상 제한이 같거나 비슷한 용도지역의 지가변동률**, 이용상황별 지가변동률 또는 해당 시·군·구의 평균지가변동률을 적용할 것
 2. 지가변동률을 적용하는 것이 불가능하거나 적절하지 아니한 경우에는 한국은행이 조사·발표하는 생산자물가지수에 따라 산정된 **생산자물가상승률**을 적용할 것

03 원가법

정의	대상 물건의 재조달원가에 감가수정을 하여 대상 물건의 가액을 산정하는 감정평가방법
수식	재조달원가 − 감가수정 = 적산가액

(1) 재조달원가(감정평가 실무기준)

① **재조달원가**란 대상 물건을 **기준시점**에 재생산하거나 재취득하는 데 필요한 **적정 원가의 총액**을 말한다.
② 재조달원가는 대상 물건을 일반적인 방법으로 생산하거나 취득하는 데 드는 비용으로 하되, 제세공과금 등과 같은 **일반적인 부대비용**을 **포함**한다.

(2) 감가수정(감정평가 실무기준)

① **감가수정**이란 대상 물건에 대한 재조달원가를 감액하여야 할 요인이 있는 경우에 물리적 감가, 기능적 감가 또는 경제적 감가 등을 고려하여 그에 해당하는 금액을 재조달원가에서 공제하여 기준시점에 있어서의 대상 물건의 가액을 적정화하는 작업을 말한다.
  1. **물리적 감가요인** : 대상 물건의 물리적 상태 변화에 따른 감가요인(시간, 사용, 작동)
  2. **기능적 감가요인** : 대상 물건의 기능적 효용 변화에 따른 감가요인(설비의 과소·과대)
  3. **경제적 감가요인** : 인근지역의 경제적 상태, 주위환경, 시장상황 등 대상 물건의 가치에 영향을 미치는 경제적 요소들의 변화에 따른 감가요인(외부요인)
② 감가수정을 할 때에는 **경제적 내용연수를 기준**으로 한 **정액법, 정률법** 또는 **상환기금법** 중에서 대상 물건에 **가장 적합한 방법을 적용**하여야 한다.
③ 제2항에 따른 감가수정이 적절하지 아니한 경우에는 물리적·기능적·경제적 감가요인을 고려하여 **관찰감가** 등으로 **조정**하거나 **다른 방법**에 따라 **감가수정할 수 있다**.

(3) 감가수정방법

내용연수법	• 건물의 경제적 내용연수를 기준으로 감가액을 산정하는 방법 • 유형 : 정액법, 정률법, 상환기금법 등
관찰감가법	대상 물건의 전체 또는 구성부분을 평가주체가 직접 면밀히 관찰하여 달관적으로 감가액을 산정하는 방법
분해법	대상 부동산에 대한 감가요인을 물리적·기능적·경제적 요인으로 세분하고, 다시 치유가능·치유불가능으로 구분하여 감가액을 산정하는 방법

시장추출법	시장의 유사 매매사례로부터 대상 부동산에 적용할 수 있는 감가수정률을 도출하고, 이를 적용하여 감가를 수정하는 방법
임대료손실 환원법	물리적·기능적·경제적 감가요인으로부터 발생하는 임대료 손실을 자본 환원하여 감가를 수정하는 방법

(4) 정액법, 정률법, 상환기금법

정액법	수식	감가대상 총액 ÷ 경제적 내용연수 = 매년 감가액
	특징	매년 감가액이 매년 일정한 방식이다.
정률법	수식	대상 물건의 잔존가치 × 매년 감가율 = 매년 감가액
	특징	• 매년 감가율이 일정한 방식이다. • 매년 감가액은 체감하는 방식이다.
상환기금법	수식	감가대상 총액 × 감채기금계수 = 매년 감가액
	내용	내용연수 말 물건을 재취득하기 위해서 매년 적립해야 할 금액을 매년의 감가액으로 인식하는 방법

(5) 기타 논점

① **재조달원가**는 원가추정의 가정에 따라 **물리적 동일성**을 가정한 **복제 원가**(재생산 비용)과 **효용적 동일성**을 가정한 **대체 원가**(대체 비용)으로 구분된다.
② **대체원가**를 이용하여 재조달원가를 산정할 경우, 물리적 감가수정은 필요하나 **기능적 감가수정은 필요하지 않다.**

③ 감정평가의 **감가수정**은 실질적인 가치 추계를 목적으로 하고, 기업회계의 **감가상각**은 대상 물건에 대한 **기간 손익의 배분**의 과정이다.
④ 감가수정은 물리적 요인, 기능적 요인, 경제적 요인(외부적 요인)을 모두 고려하나 **감가상각**은 **경제적 요인을 고려하지 않는다.**

04 수익환원법

정의		대상 물건이 장래 산출할 것으로 기대되는 순수익이나 미래의 현금흐름을 환원하거나 할인하여 대상 물건의 가액을 산정하는 감정평가방법
직접환원법	의미	장래 순수익을 환원율로 환원하여 가액을 산정하는 방법
	수식	수익가액 = $\dfrac{\text{단일기간 순수익}}{\text{환원율}}$
할인현금흐름 분석법 (DCF법)	의미	미래 현금흐름을 할인율로 할인하여 가액을 산정하는 방법
	수식	수익가액 = $\dfrac{a_1}{(1+r)^1} + \dfrac{a_2}{(1+r)^2} + \cdots + \dfrac{a_n}{(1+r)^n} + \dfrac{V_n}{(1+r)^n}$ a : 순영업소득, V_n : 기간 말 복귀가치, r : 할인율

(1) 환원방법(감정평가 실무기준)

① 수익환원법으로 감정평가할 때에는 **직접환원법**이나 **할인현금흐름분석법** 중에서 감정평가 목적이나 대상 물건에 **적절한 방법을 선택**하여 적용한다.

(2) 직접환원법(감정평가 실무기준)

① **직접환원법**은 **단일기간의 순수익**을 적절한 **환원율**로 **환원**하여 대상 물건의 가액을 산정하는 방법을 말한다.

② 직접환원법에서 사용할 **순수익**은 대상 물건에 귀속하는 적절한 수익으로서 유효총수익에서 운영경비를 공제하여 산정한다. 순수익을 구할 때 **자본적 지출**은 비용으로 **고려하지 않는다**.

③ 직접환원법에서 사용할 **환원율**은 **시장추출법**으로 구하는 것을 원칙으로 한다.
다만, 시장추출법의 적용이 적절하지 않은 때에는 요소구성법, 투자결합법, 유효총수익승수에 의한 결정방법, 시장에서 발표된 환원율 등을 검토하여 조정할 수 있다.

(3) 할인현금흐름분석법(감정평가 실무기준)

① **할인현금흐름분석법**은 대상 물건의 **보유기간**에 발생하는 **복수기간의 순수익**(이하 "현금흐름")과 **보유기간 말의 복귀가액**에 적절한 **할인율**을 적용하여 현재가치로 **할인**한 후 **더하여** 대상 물건의 가액을 산정하는 방법을 말한다.

② **순수익** : 직접환원법의 순수익 산정과 동일

③ 할인현금흐름분석법의 적용에 따른 **복귀가액**은 **보유기간 경과 후 초년도의 순수익**을 추정하여 **최종환원율**로 **환원**한 후 **매도비용**을 **공제**하여 산정한다.

④ 복귀가액 산정을 위한 **최종환원율**은 환원율에 장기위험프리미엄·성장률·소비자물가상승률 등을 고려하여 결정한다.

⑤ 할인현금흐름분석법에서 사용할 **할인율**은 **투자자조사법**(지분할인율), **투자결합법**(종합할인율), 시장에서 발표된 할인율 등을 고려하여 대상 물건의 위험이 적절히 반영되도록 결정하되 추정된 현금흐름에 맞는 할인율을 적용한다.

(4) 환원율(기출지문)

① **자본환원율**은 대상 부동산이 장래 산출할 것으로 기대되는 표준적인 순영업소득과 부동산 가격의 비율이다.

② **환원율**은 **부동산의 수익성**을 나타낸다.

③ 자본환원율은 자본의 기회비용을 반영하므로, **시장금리가 상승**하면 함께 **상승**한다.

④ 자본환원율은 프로젝트의 위험을 반영하며, **위험이 높아지면** 자본환원율도 **상승**한다.

⑤ **상각전** 순수익은 **상각전** 환원율로 환원하고, **상각후** 순수익은 **상각후** 환원율로 환원한다.

⑥ 운영경비에 감가상각비를 포함시킨 경우, **상각 후 환원율**을 적용한다.

⑦ **감가상각 전의 순영업소득**으로 가치를 추계하는 경우, **감가상각률을 포함한 자본환원율**을 사용해야 한다. (상각전 환원율 = 상각후 환원율 + 감가상각률)

⑧ **할인현금흐름분석법**에서는 별도로 자본회수율을 계산하지 않는다.

⑨ 자본환원율이 **상승**하면 자산 가격은 **하락**한다. (순수익/환원율 = 수익가액)

⑩ 자본환원율이 **상승**하면 부동산자산의 가격이 **하락** 압력을 받으므로 신규개발사업 추진이 어려워진다.

⑪ **개별환원율**이란 토지와 건물 각각의 환원율을 말한다.

⑫ **세공제전 환원율**이란 **세금**으로 인한 수익의 변동을 환원율에 **반영**하여 조정**하지 않은** 환원율을 말한다.

⑬ **부채감당률**이 2, 대부비율이 50%, 연간 저당상수가 0.1이라면 **자본환원율**은 **10%**이다.

(5) 직접환원법의 환원율 산정방법

시장추출법	대상과 유사한 물건의 최근 거래사례를 분석하여 부동산 가격에 대한 순수익의 비율, 즉 환원율을 직접 찾아내는 방법
요소구성법 (조성법)	대상에 관한 위험 요소를 여러 가지로 분해하고 위험에 따른 위험할증률을 더해감으로써 환원율을 구하는 방법

투자결합법	• 물리적 투자결합법 : 물리적 측면에서 투자자금을 토지와 건물로 구분하고 환원율을 산정하는 방법
	  종합환원율 = (토지가격구성비 × 토지환원율) + (건물가격구성비 × 건물환원율)
	• 금융적 투자결합법 : 금융적 측면에서 투자자금을 자기자본(지분)과 타인자본(저당)으로 구분하고 환원율을 산정하는 방법
	  종합환원율 = (지분배당률 × 지분비율) + (저당상수 × 저당비율)

엘우드법	• 엘우드가 투자결합법을 개량한 방식이다.
	• 엘우드법은 다음 사항을 모두 고려하고 있다.
	  1. 보유기간에 예상되는 현금흐름
	  2. 기간 말에 예상되는 부동산의 가치 증감
	  3. 원금 상환을 통해 형성되는 지분형성분

부채감당률법	의미 : 부채감당률을 활용하여 환원율을 산정하는 방법 수식 : 환원율(R) = 부채감당률 × 대부비율 × 저당상수

제58장 임대료 산정, 시산가액의 조정

01 임대사례비교법

정의	대상 물건과 가치형성요인이 같거나 비슷한 물건의 임대사례와 비교하여 대상 물건의 현황에 맞게 사정보정, 시점수정, 가치형성요인 비교 등의 과정을 거쳐 대상 물건의 임대료를 산정하는 감정평가방법
수식	임대사례 임대료 × (사, 시, 지, 개) = 비준임료

02 적산법

정의	대상 물건의 기초가액에 기대이율을 곱하여 산정된 기대수익에 대상 물건을 계속하여 임대하는 데에 필요한 경비를 더하여 대상 물건의 임대료를 산정하는 감정평가방법
수식	(기초가액 × 기대이율) + 필요제경비 = 적산임료

(1) 기초가액, 기대이율, 필요제경비(감정평가 실무기준)

① **기초가액**이란 적산법으로 감정평가하는 데 기초가 되는 대상 물건의 가치를 말한다.
② 기초가액은 비교방식이나 원가방식으로 감정평가한다. 이 경우 사용 조건·방법·범위 등을 고려할 수 있다.

③ **기대이율**이란 기초가액에 대하여 기대되는 임대수익의 비율을 말한다.
④ 기대이율은 시장추출법, 요소구성법, 투자결합법, CAPM을 활용한 방법, 그 밖의 대체·경쟁 자산의 수익률 등을 고려한 방법 등으로 산정한다.

⑤ **필요제경비**란 임차인이 사용·수익할 수 있도록 임대인이 대상 물건을 적절하게 유지·관리하는 데에 필요한 비용을 말한다.
⑥ **필요제경비**에는 감가상각비, 유지관리비, 조세공과금, 손해보험료, 대손준비금, 공실손실상당액, 정상운영자금이자 등이 포함된다.

03 수익분석법

정의	일반 기업 경영에 의하여 산출된 총수익을 분석하여 대상 물건이 일정한 기간에 산출할 것으로 기대되는 순수익에 대상 물건을 계속하여 임대하는 데에 필요한 경비를 더하여 대상 물건의 임대료를 산정하는 감정평가방법
수식	순수익 + 필요제경비 = 수익임료

(1) 순수익, 필요제경비(감정평가 실무기준)

① 순수익은 대상 물건의 총수익에서 그 수익을 발생시키는 데 드는 경비(매출원가, 판매비 및 일반관리비, 정상운전자금이자, 그 밖에 생산요소귀속 수익 등을 포함한다)를 공제하여 산정한 금액을 말한다.

② **필요제경비**에는 대상 물건에 귀속될 감가상각비, 유지관리비, 조세공과금, 손해보험료, 대손준비금 등이 포함된다.

04 방법의 적용 및 시산가액의 조정

방법의 적용	원칙	물건별 주된 평가방법을 적용
	예외	주된 방법을 적용하는 것이 곤란하거나 부적절한 경우에는 다른 감정평가방법을 적용할 수 있다.
시산가액의 조정	의미	• 시산가액이란 각각의 감정평가방법을 적용하여 산정한 가액을 말한다. • 시산가액의 조정이란 시산가액을 상호 조정하여 최종의 평가결론을 도출하는 과정이다.
	방법	• 가중평균 방식(산술평균 ×) • 주방식 · 부수방식

(1) 시산가액의 조정(감정평가에 관한 규칙)

① 감정평가법인등은 대상 물건의 감정평가액을 결정하기 위하여 어느 하나의 감정평가방법을 적용하여 산정한 가액(이하 "**시산가액**")을 다른 감정평가방식에 속하는 하나 이상의 감정평가방법으로 산출한 시산가액과 비교하여 **합리성을 검토해야 한다.**

이 경우 **공시지가기준법과 그 밖의 비교방식에 속한 감정평가방법은 서로 다른** 감정평가방식에 속한 **것으로 본다.**

② 감정평가법인 등은 산출한 시산가액의 합리성이 없다고 판단되는 경우에는 주된 방법 및 다른 감정평가방법으로 산출한 **시산가액을 조정**하여 감정평가액을 **결정할 수 있다.**

제59장 물건별 주된 평가방법

01 물건별 주된 평가방법

(1) 부동산 등

토지	공시지가기준법
건물	원가법
일괄 평가	• 구분소유권 대상 건물과 대지사용권의 일괄 평가 : 거래사례비교법 • 토지와 건물의 일괄 평가 : 거래사례비교법
임대료	임대사례비교법

(2) 기타 물건

산림	• 산지와 입목을 구분하여 평가 • 입목 : 거래사례비교법 / 소경목림 : 원가법
자동차 등	• 자동차 : 거래사례비교법 • 건설기계, 선박, 항공기 : 원가법
과수원	거래사례비교법
권리	영업권, 특허권, 실용신안권, 상표권, 저작권 등 : 수익환원법
광업재단	수익환원법
기업가치	수익환원법
증권	• 상장채권, 상장주식 : 거래사례비교법 • 비상장채권 : 수익환원법 • 비상장주식 : [유·무형의 자산가치(기업가치) - 부채] ÷ 발행주식 수
동산	거래사례비교법

✓ 수익환원법이 주된 평가방법인 물건

영업권 등 권리 / 광업재단 / 기업가치

02 감정평가에 관한 규칙

① **토지**를 감정평가하는 경우에는 그 토지와 이용가치가 비슷하다고 인정되는 **표준지공시지가**를 기준으로 하여야 한다. 다만, **적정한 실거래가**가 있는 경우에는 이를 기준으로 **할 수 있다**.

② **적정한 실거래가**란 '부동산 거래신고 등에 관한 법률'에 따라 신고된 실제 거래가격으로서 거래시점이 **도시지역**은 3년 이내, **그 밖의 지역**은 5년 이내인 거래가격 중에서 감정평가법인 등이 인근지역의 지가수준 등을 고려하여 감정평가의 기준으로 적용하기에 적정하다고 판단하는 거래가격을 말한다.

③ 적정한 실거래가를 기준으로 토지를 감정평가할 때에는 **거래사례비교법**을 적용해야 한다.

④ 감정평가법인등은 구분소유권의 대상이 되는 건물부분과 그 대지사용권을 일괄하여 감정평가하는 경우 등 **토지와 건물을 일괄하여 감정평가**할 때에는 **거래사례비교법**을 적용해야 한다. 이 경우 감정평가액은 합리적인 기준에 따라 토지가액과 건물가액으로 구분하여 표시할 수 있다.

⑤ **건물의 평가는 원가법**에 의해 평가하는 것이 원칙이다.

⑥ **임대료**를 감정평가할 때에는 **임대사례비교법**을 적용하여야 한다.
다만, 임대사례비교법에 의한 평가가 적정하지 아니한 경우에는 대상 물건의 종류 및 성격에 따라 적산법이나 수익분석법으로 평가할 수 있다.

⑦ 산림을 감정평가할 때에는 산지와 입목을 **구분**하여 평가하여야 한다.
이 경우 **입목은 거래사례비교법**을 적용하되 **소경목림의 경우에는 원가법**을 적용할 수 있다. 다만, 산지와 입목을 일괄하여 감정평가할 때에 **거래사례비교법**을 적용하여야 한다.

⑧ **자동차**를 감정평가할 때에 **거래사례비교법**을 적용하여야 한다.

⑨ **건설기계**를 감정평가할 때에 **원가법**을 적용해야 한다.

⑩ **선박**을 감정평가할 때에는 선체·기관·의장별로 구분하여 감정평가하되 각각 **원가법**을 적용하여야 한다.

⑪ **항공기**를 감정평가할 때에 **원가법**을 적용해야 한다.

⑫ **공장재단**을 감정평가할 때에 공장재단을 구성하는 **개별물건의 감정평가액**을 합산하여 평가하여야 한다. 다만, 계속적인 수익이 예상되어 일괄하여 감정평가하는 경우에는 수익환원법을 적용할 수 있다.

⑬ **광업재단**을 감정평가할 때에 **수익환원법**을 적용하여야 한다.

⑭ **영업권**, 특허권, 실용신안권, 디자인권, 상표권, 저작권, 전용측선이용권 그 밖의 무형자산을 감정평가할 때에 **수익환원법**을 적용하여야 한다.

⑮ **기업가치**를 감정평가할 때에 **수익환원법**을 적용해야 한다.

⑯ **동산**을 감정평가할 때에는 **거래사례비교법**을 적용해야 한다.
⑰ 소음・진동・일조침해 또는 환경오염 등(이하 "**소음 등**")으로 대상 물건에 직접적 또는 간접적인 피해가 발생하여 대상 물건의 가치가 하락한 경우, **그 가치하락분**을 감정평가할 때에 소음 등이 **발생하기 전의 대상 물건의 가액** 및 **원상회복비용** 등을 고려하여야 한다.

03 구분소유 부동산, 복합 부동산

① **구분소유 부동산**을 감정평가할 때에는 건물(전유부분과 공유부분)과 대지사용권을 일체로 한 거래사례비교법을 적용하여야 한다.

② 구분소유 부동산을 감정평가할 때에는 층별・위치별 효용요인을 반영하여야 한다.

③ 감정평가액은 합리적인 배분기준에 따라 **토지가액**과 **건물가액**으로 **구분**하여 표시할 수 있다.

④ **복합부동산**은 토지와 건물을 **개별**로 감정평가하는 것을 **원칙**으로 한다.
   다만, 토지와 건물이 일체로 거래되는 경우에는 일괄하여 감정평가할 수 있다.

⑤ 토지와 건물을 **일괄**하여 감정평가할 때에는 **거래사례비교법**을 적용하여야 한다.

⑥ 토지와 건물을 일괄하여 감정평가한 경우의 감정평가액은 합리적인 배분기준에 따라 **토지가액**과 **건물가액**으로 **구분**하여 표시할 수 있다.

04 표준지의 조사 및 평가

(1) 고저

저지	간선도로 또는 주위의 지형지세보다 현저히 낮은 지대의 토지
평지	간선도로 또는 주위의 지형지세와 높이가 비슷하거나 경사도가 미미한 토지
완경사지	간선도로 또는 주위의 지형지세보다 높고 경사도가 15° 이하인 지대의 토지
급경사지	간선도로 또는 주위의 지형지세보다 높고 경사도가 15°를 초과하는 지대의 토지
고지	간선도로 또는 주위의 지형지세보다 현저히 높은 지대의 토지

(2) 도로접면

광대로한면	폭 25m 이상의 도로에 한면이 접하고 있는 토지
중로한면	폭 12m 이상 25m 미만 도로에 한면이 접하고 있는 토지
소로한면	폭 8m 이상 12m 미만의 도로에 한면이 접하고 있는 토지
세로한면(가)	자동차 통행이 가능한 폭 8m 미만의 도로에 한면이 접하고 있는 토지

(3) 형상

정방형	정사각형 모양의 토지로서 양변의 길이 비율이 1:1.1 내외인 토지
가로장방형	장방형의 토지로 넓은 면이 도로에 접하거나 도로를 향하고 있는 토지
세로장방형	장방형의 토지로 좁은 면이 도로에 접하거나 도로를 향하고 있는 토지
사다리형	사다리꼴 모양의 토지
자루형	출입구가 자루처럼 좁게 생긴 토지

제60장 감정평가론 계산 문제

01 거래사례비교법과 공시지가기준법

01 다음 자료를 활용하여 거래사례비교법으로 산정한 대상 토지의 비준가액은?

- 평가대상토지 : X시 Y동 210번지, 대, 110㎡, 일반상업지역
- 기준시점 : 2020.9.1.
- 거래사례
  - 소재지 : X시 Y동 250번지, 대, 120㎡, 일반상업지역
  - 거래가격 : 2억 4천만원
  - 거래시점 : 2020.2.1.
  - 거래사례는 정상적인 매매임
- 지가변동률(2020.2.1. ~ 9.1.) : X시 상업지역 5% 상승
- 지역요인 : 대상토지는 거래사례의 인근지역에 위치함
- 개별요인 : 대상토지는 거래사례에 비해 3% 우세함
- 상승식으로 계산할 것

① 226,600,000원   ② 237,930,000원   ③ 259,560,000원
④ 283,156,000원   ⑤ 285,516,000원

정답 ②

02 다음 자료를 활용하여 공시지가기준법으로 산정한 대상토지의 가액(원/㎡)은?

- 대상토지 : A시 B구 C동 320번지, 일반상업지역
- 기준시점 : 2021.10.30.
- 비교표준지 : 2021.1.1. 기준 공시지가 10,000,000원/㎡
- 지가변동률(A시 B구, 2021.1.1.~2021.10.30.) : 상업지역 5% 상승
- 지역요인 : 대상토지와 비교표준지의 지역요인은 동일함
- 개별요인 : 대상토지는 비교표준지에 비해 가로조건 10% 우세, 환경조건 20% 열세하고, 다른 조건은 동일함(상승식으로 계산할 것)
- 그 밖의 요인 보정치 : 1.50

① 9,240,000   ② 11,340,000   ③ 13,860,000
④ 17,010,000   ⑤ 20,790,000

정답 ③

03
감정평가사 A는 B토지의 감정평가를 의뢰받고 인근지역 나지 거래사례인 C토지를 활용해 2억원으로 평가했다. A가 C토지 거래금액에 대해 판단한 사항은? ☆ 제33회

- B, C토지의 소재지, 용도지역 : D구, 제2종일반주거지역
- 면적 : B토지 200㎡, C토지 150㎡
- 거래금액 : 1.5억원(거래시점 일괄지급)
- D구 주거지역 지가변동률(거래시점~기준시점) : 10% 상승
- 개별요인 : B토지 가로조건 10% 우세, 그 외 조건 대등

① 정상
② 10% 고가
③ 20% 고가
④ 21% 고가
⑤ 31% 고가

정답 ④

04
다음 중 사례 부동산의 사정보정치는?

- 면적이 1,000㎡인 토지를 100,000,000원에 구입하였으나, 이는 인근의 표준적인 획지보다 고가로 매입한 것으로 확인되었다.
- 표준적인 획지의 정상적인 거래가격은 80,000원/㎡으로 조사되었다.

① 정상
② 0.9090
③ 0.8333
④ 0.8000
⑤ 0.7633

정답 ④

02 원가법

01 다음 자료를 활용하여 원가법으로 평가한 대상건물의 가액은? ☆ 제35회

- 대상건물 : 철근콘크리트구조, 다가구주택, 연면적 350㎡
- 기준시점 : 2024.04.05.
- 사용승인시점 : 2013.06.16.
- 사용승인시점의 적정한 신축공사비 : 1,000,000원/㎡
- 건축비지수
  - 기준시점 : 115
  - 사용승인시점 : 100
- 경제적 내용연수 : 50년
- 감가수정방법 : 정액법(만년감가기준)
- 내용연수 만료 시 잔존가치 없음

① 313,000,000원　　② 322,000,000원
③ 342,000,000원　　④ 350,000,000원
⑤ 352,000,000원

정답 ②

02 다음 자료를 활용하여 원가법으로 평가한 대상 건물의 가액은? ☆ 제32회

- 대상 건물 현황 : 연와조, 단독주택, 연면적 200㎡
- 사용승인시점 : 2016.6.30.
- 기준시점 : 2021.4.24.
- 사용승인시점의 신축공사비 : 1,000,000원/㎡(신축공사비는 적정함)
- 건축비지수
  - 사용승인시점 : 100
  - 기준시점 : 110
- 경제적 내용연수 : 40년
- 감가수정방법 : 정액법(만년감가기준)
- 내용연수 만료 시 잔존가치 없음

① 175,000,000원　　② 180,000,000원
③ 192,500,000원　　④ 198,000,000원
⑤ 203,500,000원

정답 ④

03 수익환원법

01 다음의 자료를 활용하여 직접환원법으로 산정한 대상부동산의 수익가액은? (단, 연간 기준이며, 주어진 조건에 한함)

- 가능총소득(PGI) : 70,000,000원
- 공실상당액 및 대손충당금 : 가능총소득 5%
- 영업경비(OE) : 유효총소득(EGI)의 40%
- 환원율 : 10%

① 245,000,000원 ② 266,000,000원
③ 385,000,000원 ④ 399,000,000원
⑤ 420,000,000원

정답 ④

02 다음과 같은 조건에서 수익환원법에 의해 평가한 대상부동산의 가액은? ☆ 제31회

- 가능총소득(PGI) : 1억원
- 공실손실상당액 및 대손충당금 : 가능총소득의 5%
- 재산세 : 300만원
- 화재보험료 : 200만원
- 영업소득세 : 400만원
- 건물주 개인업무비 : 500만원
- 토지가액 : 건물가액 = 40% : 60%
- 토지환원이율 : 5%
- 건물환원이율 : 10%

① 1,025,000,000원 ② 1,075,000,000원
③ 1,125,000,000원 ④ 1,175,000,000원
⑤ 1,225,000,000원

정답 ③

03 직접환원법에 의한 대상 부동산의 가액이 8억원일 때, 건물의 연간 감가율(회수율)은? ☆ 제33회

- 가능총수익 : 월 6백만원
- 공실 및 대손 : 연 1천2백만원
- 운영경비(감가상각비 제외) : 유효총수익의 20%
- 토지, 건물 가격구성비 : 각각 50%
- 토지환원율, 건물상각후환원율 : 각각 연 5%

① 1% ② 2%
③ 3% ④ 4%
⑤ 5%

정답 ②

04 토지와 건물로 구성된 대상건물의 연간 감가율(자본회수율)은? ☆ 제35회

- 거래가격 : 20억원
- 순영업소득 : 연 1억 8천만원
- 가격구성비 : 토지 80%, 건물 20%
- 토지환원율, 건물상각후환원율 : 각 연 8%

① 4% ② 5%
③ 6% ④ 7%
⑤ 8%

정답 ②

05 할인현금흐름분석법에 의한 수익가액은? (단, 모든 현금흐름은 연말에 발생함) ☆ 제33회

- 보유기간(5년)의 순영업소득 : 매년 9천만원
- 6기 순영업소득 : 1억원
- 매도비용 : 재매도가치의 5%
- 기입환원율 : 4%, 기출환원율 : 5%, 할인율 : 연 5%
- 연금현가계수(5%, 5년) : 4.329
- 일시불현가계수(5%, 5년) : 0.783

① 1,655,410,000원 ② 1,877,310,000원
③ 2,249,235,000원 ④ 2,350,000,000원
⑤ 2,825,000,000원

정답 ②

06 다음과 같은 조건에서 대상부동산의 수익가액 산정 시 적용할 환원이율(capitalization rate)은? ☆ 제35회

- 가능총소득(PGI) : 연 85,000,000원
- 공실상당액 : 가능총소득의 5%
- 재산관리수수료 : 가능총소득의 2%
- 유틸리티비용 : 가능총소득의 2%
- 관리직원인건비 : 가능총소득의 3%
- 부채서비스액 : 연 20,000,000원
- 대부비율 : 25%
- 대출조건 : 이자율 연 4%로 28년간 매년 원리금균등분할상환(고정금리)
- 저당상수(이자율 연 4%, 기간 28년) : 0.06

① 5.61% ② 5.66%
③ 5.71% ④ 5.76%
⑤ 5.81%

정답 ①

Memo

박문각 감정평가사

국승옥 부동산학원론
1차 | 강의노트

제6판 인쇄 2025. 7. 25. | **제6판 발행** 2025. 7. 30. | **편저자** 국승옥
발행인 박 용 | **발행처** (주)박문각출판 | **등록** 2015년 4월 29일 제2019-0000137호
주소 06654 서울시 서초구 효령로 283 서경 B/D 4층 | **팩스** (02)584-2927
전화 교재 문의 (02)6466-7202

이 책의 무단 전재 또는 복제 행위를 금합니다.

정가 18,000원
ISBN 979-11-7262-975-5

저자와의
협의하에
인지생략

Memo